心理臨床の育み

宮前 理
Osamu Miyamae

編著

沼山　博
久保 順也
佐藤　静
布柴 靖枝
樋口 広思

八千代出版

執筆者紹介（掲載順）

沼山　博（山形県立米沢栄養大学教授・臨床心理士）
　第 1 章・第 2 章

久保順也（宮城教育大学教職大学院准教授・臨床心理士・公認心理師）
　第 3 章・第 4 章

佐藤　静（宮城教育大学教職大学院教授・臨床心理士・公認心理師）
　第 5 章・第 6 章・第 9 章・第 13 章（1 節 1，2 節 4～5）

宮前　理（宮城教育大学名誉教授・東北生活文化大学特任教授・臨床心理士・公認心理師）
　第 7 章・第 8 章（4～5 節）・第 13 章（1 節 2，2 節 1～3）・第 15 章

布柴靖枝（文教大学教授・博士〔教育学〕臨床心理士・公認心理師）
　第 8 章（1～3 節）・第 10 章・第 11 章・第 13 章（2 節 6～7）・第 14 章

樋口広思（宮城教育大学特任准教授・臨床心理士・公認心理師）
　第 12 章

まえがき

　東日本大震災以後，熊本，北海道東部の大規模地震や日本各地の豪雨災害などが続いている。本書編纂時には新型コロナウィルスが世界中に蔓延しており，「安全，安心とは何か」を超えて「人間とは何か」まで考えさせられる事態となっている。片や日本では 2017 年から心理職の国家資格「公認心理師」が誕生し，今まで以上に心理臨床の理論と実践の重要度が増している。

　前著『カウンセリングを教育にいかす』改訂のお勧めをいただき，必要な図表を差し替え，DSM-5，ICD-11 にも配慮して加筆修正した。さらに喫緊の課題である「学校における緊急支援」（12 章）を樋口広思先生に新たに執筆していただくなど大幅な章立ての見直しを行ったので書名も『心理臨床の育み』と新たにした。

　かつて河合隼雄先生がご存命の頃，ある講義で「教育は“教”と“育”の二文字からなる。それなら“教師”の他に“育師”がいてもいいのではないか」と，スクールカウンセラーの立ち位置を念頭に置いた話をされた。教育が「教えること」に偏りすぎ，「育む」空気が薄くなると子どもたちは“こころの酸欠状態”になるのだろうと私は思う。書名の「育み」にはそのような思いを込めた。そして本書には次のような「育み」の観点が通底している。

1.　心理臨床が育む人と子ども（対象）
2.　心理臨床で用いられる育みの技法（方法論）
3.　心理臨床の育みの教育への応用（実践論）
4.　心理臨床が目指す育みの哲学（理論）
5.　心理臨床そのものを育む創造のプロセス（研究）

　教員を目指す方，現職教員の方，スクールカウンセラーをはじめとする心理臨床に関わる方々に本書をお役立ていただければ幸いである。

　八千代出版代表取締役森口恵美子氏のご理解と，編集部の御堂真志氏のお力添えに心から感謝を申し上げます。また今回も表紙に作品を使用させていただいた池本洋二郎画伯に心より御礼申し上げます。

　なお本書の基本的な方針をよく伝えている前著のまえがきも載せておく。

　2020 年 3 月　　　　　　　　　　　　　　　　　　　宮　前　　　理

まえがき

　本書は学生や大学院生から，現職教員，スクールカウンセラー，心理職の方々まで「教育」に関わる皆さんに読んでいただけることを願って編纂された。執筆には，佐藤静先生，布柴靖枝先生，沼山博先生，久保順也先生，宮前令子先生の5先生のご協力をいただいた。執筆者紹介にあるようにいずれも臨床心理学の識者であり，教育現場での豊富な心理臨床の実践と研究の両面に深く通じた方々である。

　子どもの成長と「教育」は切りはなすことができない。教育という言葉からすぐ思い浮かぶのは知識や技能の習得であろう。しかしより重要なことは子どもたちの健やかな成長を，つまり，1人ひとりが自分らしい生き方を模索し，自分の道をそれぞれ見出してゆく成長過程（プロセス）を見守ることであろう。教育とは長い年月のかかるこの大仕事を支援することであろう。

　2011年3月11日の東日本大震災は津波という自然災害だけでなく，東京電力福島第一原子力発電所の事故という“テクノロジー災害”（人災）まで引き起こした。この大震災の教訓を，教育の現場では「こころのケア」や「防災教育」という形で活かそうと試みられている。非常事態の経験を通して，子どもたちにとって「心身の安全・安心」の大切さが再認識されてきた。

　臨床心理学はそもそも，人間が非日常的な状況で経験する「心の危機」をめぐる研究を礎として発展してきた学問であり，心の危機を「耐える」経験から，「再生」や「創造」の経験に深化するための「カウンセリング」という方法論を持つ唯一の学問である。本書からの学びを将来の日本を背負う子どもたちの教育に十分に活かしていただきたい。

　八千代出版の代表取締役森口恵美子氏から，前著『子ども理解とカウンセリング』改訂のお勧めをいただき，かなりの図表差し替えや加筆修正を行ったので書名も新たにしたことをお断りしておく。また御堂真志氏の編集への丁寧なお力添えに心から感謝申し上げる。

　本書の表紙には，編者の旧知の友人である池本洋二郎画伯の作品をお借りすることができた。心より御礼申し上げる。

　　2014年2月　　　　　　　　　　　　　　　　　　　　宮前　　理

目　　次

第1章

生徒指導と生徒理解

　生徒指導というと，何か問題を起こした生徒への指導を思い浮かべる人が多いだろう。しかし，生徒指導はそれだけにとどまるものではない。問題行動が起きてから指導するのではなく，起きないように指導していくという予防的観点も重要だからである。本章では，この予防的観点をさらに発展させた「生き方指導としての生徒指導」を取り上げ，生徒の自己理解や教員の生徒理解などと関連づけながら解説していく。

1節　生き方指導としての生徒指導

1．生き方指導としての生徒指導

　生徒の問題行動が社会的に話題になっているが，これは単なる勧善懲悪ですむ問題ではない。青年期は，大人と子どもの境界期であり，社会的な位置づけが中途半端な時期でもある。そのため，周囲の大人もしばしば彼らの扱いに苦慮するが，何より当の生徒自身が自らの扱いに試行錯誤している点を見逃してはいけない。また，近年における社会の変化は，消費活動にとどまらず，価値観や生き方をめぐっても多岐にわたる選択肢を生み出しているが，このなかで選択の自由を行使していくには，豊富な知識と判断力が必要であり，境界人である生徒に一層の負荷をかけている。さらに，少子化のなかで，過保護・過干渉の親が増えてきており，子どもの自主性・自発性が培われにくい環境にもある。このように，現在の生徒が置かれている状況は，先の見通しも簡単には立ちにくく，なおかつ今をどう生きたらよいのかわかりにくいという，これまでになく難しい局面にあるといわざるを得ない。そのなか

で生徒はどう生きていったらよいのかわからず,「もがいている」のが実状であろう。生徒の問題行動は,この「もがき」が表面化したものと見ることもできる。そして,現代のような社会状況においては,条件次第で,どの子どもにも起こり得る。この「もがき」に対処し,問題行動を予防していくには,人生をどう生きていくか,また現在をどう生きるかという生き方に関する指導が欠かせない。

　現在わが国の学校教育で行われている生徒指導や進路指導は,20 世紀初めのアメリカにおけるガイダンス運動に由来したものである（ガイダンスについては 3 節参照）。社会が比較的安定し,生き方や暮らし方の選択肢がそれほど多岐にわたっていない時代においては,その選択・決定は生徒本人や家庭に任せておいてもよかったのであろう。しかし,社会が変動し,生き方や暮らし方の選択肢も多様化,複雑化されてくると,必ずしも本人任せ,家庭任せとはいかなくなり,それへの対応が学校や社会に求められるようになった。このような背景から,アメリカではガイダンスという教育活動が導入された。わが国においても,高度経済成長期の 1960 年代以降,上と同様の現象が生じ,生き方に関する指導が必要とされるようになったのである。

　この「人生をどう生きるか」という問題は,心理学では「発達」という枠組みで捉えられる。その点でいえば,生き方に関する指導としての生徒指導とは,発達的な観点を組み込んだ生徒指導ともいえる。以下では,心理学の知見のなかから,その背景となっている考え方について説明していく。

2. 発達における社会化と個性化

　生徒指導の目的の 1 つには,生徒の行動規範や興味・関心,態度,価値観などを社会的な許容範囲の内に形成することがあげられる。しかし,これは必ずしも生徒の人格的な画一化を志向しているのではない。こうした許容範囲内で,生徒が自分らしさを見出すことも同時にねらっていると考えられる。この社会的な許容範囲内で自分らしさを見出すことは,生徒だけの問題ではなく,社会生活を営もうとするすべての人間に共通の課題である。心理学で

は，これを発達における社会化と個性化の問題として捉えている。

　社会化から説明しよう。他者の行為を模倣することをモデリングという。人間は，このモデリングによって，家族や地域，学校・学級など自分が所属する集団のなかで許容され，より適応的だと考えられる行動規範や興味・関心，態度，価値観などを習得していく。この過程を社会化という。しかしその一方で，人間は自己を強く意識し，単なる他者の写しではない，自分らしい行動も求めるようになる。これを個性化という。

　もっとも，所属集団内で容認されない個性は，集団内での適応を難しくするだろうし，反対に他者と似た行動ばかりでは自分らしさを感じることはできない。そこで，人間は意識的にせよ無意識的にせよ自分らしさを反映させた行動を集団に問うて，それが容認されればその行動を続行し，容認されなければ撤回するなどして，社会的な許容範囲を確かめることになる。制服のある学校で制服の変形が問題になることがあるが，それは，制服の着用という学校規範への社会化に対応して生じた個性化の現れと見ることもできる。人間は常にこうした社会化と個性化のせめぎ合いのなかで生きており，そのなかのどこかで折り合いをつけていかなければ社会のなかで生活していくことはできない。このような営みは人生のあらゆる局面で生じるものであり，その折り合いの歴史こそが人間の生き様であり，発達である。

　生徒には，この折り合いを最終的に自分でつけられるようになることが期待される。この「折り合いを自分でつけられるようになる」力は自己指導力と呼ばれる。生徒指導は，最終的にはこの人生や生活をめぐる自己指導力（本章3節参照）を育成する教育活動にほかならない。

　このように見てくると，生徒の問題行動も，この社会化と個性化のせめぎ合いや折り合いの困難さといった発達的な問題から生じると考えることができよう。とかく問題行動といえば，その問題性にばかり目が奪われがちであるが，その背景となっている発達的な問題を捉え，それを乗り越えながら生徒自身の自己指導力を育成していくことなくしては，根本的な解決には近づいていかないのである。

2節　生徒の自己理解と教員の生徒理解

1.　アイデンティティと自己理解

　エリクソン（E. H. Erikson）は，より適応的な人生を送るためには，一生の各年齢段階で達成すべき課題があるとし，それを発達課題とよんでいる。青年期の発達課題としては，アイデンティティの確立があげられているが，これも1節で述べた社会化と個性化のせめぎ合いのなかで確立される事柄である。前にも述べた通り，人間が集団のなかで生きるには，その集団内に存在する社会的役割を引き受けることが必要となるが，しかし，同じ役割を担ったからといってすべての人が同じように遂行するわけではない。その遂行の仕方に自分らしさを反映させようとするのが一般的である。もちろんどう反映するかは，個人の意向だけで決まるものではなく，集団とのやりとりのなかで決まっていく。この際留意しなければならないのは，自分らしさを反映させながら役割を遂行していくためには，自分はどのような人間であるのかという自分についての「見通し」が必要であるということである。これをエリクソンはアイデンティティとよび，青年はさまざまな社会的役割を引き受けていくなかでこれを形成・確立し，その後の生き方の核にしていくと考えた。

　この自分について見通すことは自己理解とよばれる。そして，この自己理解のためには自分自身を客観的に捉えることができなければならない。基本的に人間は，自らが主体となって行動し，考え，判断し，感じる存在である。この主体としての自分は自我とよばれるが，そのとき同時に，主体としての自分を他者の視点から見つめている。この客体としての自分は自己とよばれる。われわれは，何かをするたびに他者の視点でも自分を見つめており，その積み重ねから，能力や性格，適性など自分に対するイメージをつくり上げている。これは自己イメージもしくは自己像とよばれる。そして，この自己イメージ・自己像は，そのままでは主観的な色彩が強いが，他者との関わり

のなかで，他者との比較（社会的比較）が行われたり，他者からもたらされた自分に関する情報と照合されたりすることによって，より客観的で持続的なものとなる。これは自己概念とよばれる。このように見ていくと，自己理解を深め，アイデンティティを形成・確立することは明確な自己概念をもつことであるといってよい。とすれば，学校教育においては，各種教育活動を通し，生徒にさまざまな自己体験をさせることで豊かな自己イメージ・自己像を形成すること，そして他者と積極的に関わりをもたせ，その客観化を図る機会を設けることが求められよう。

2. 生徒の自己理解の促進と教員の役割

1. で，自己イメージ・自己像は他者との関わりのなかで客観化されると述べたが，これはどのようなプロセスによるものなのだろうか。その手がかりを与えるものとしてジョハリの窓があげられる。このジョハリの窓の「ジョハリ」とは，これを提唱したジョセフ・ラフト（Joseph Luft）とハリー・インガム（Harry Ingham）の名前を合成したものである。

彼らは，自分と他者との関係のなかで「自己理解」を捉えようとしている（Luft & Ingham, 1955）。人間は必ずしも自分自身のすべてを知っているわけではなく，知らない部分も抱えている。また，他者との関係でいえば，自分に関し，他者に知られている部分，知られていない部分とがある。このように，自分で自分を知っている部分・知らない部分と，そして他者に知られている部分・知られていない部分とを組み合わせると，図1-1のように4つの領域（窓）が出来上がる。

自己理解という点で特に重要なのは，他者には知られているのに当の自分が知らない部分である盲点（死角）領域の存在である。たとえば，人に話をするときに手をよく動かす，瞬きをよくするというような癖は，他者には知られているのに本人が知らない場合が多い。こういった盲点（死角）領域の情報が他者からもたらされる（これをフィードバックという）ことで，自己イメージや自己像の客観化や修正が図られ得る。その意味で，教員や友だちによ

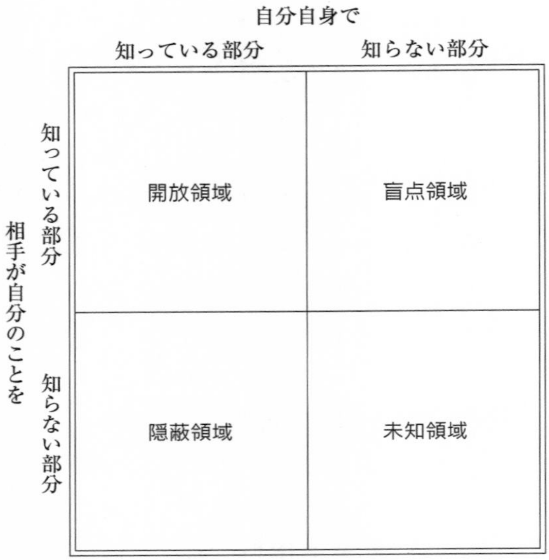
自分自身で
知っている部分
知らない部分
相手が自分のことを
知っている部分
知らない部分
開放領域
盲点領域
隠蔽領域
未知領域

図 1−1　ジョハリの窓

出所：柳原 光　2005「ジョハリの窓―対人関係における気づきの図解式モデル」津村俊充・山口真人編『人間関係トレーニング（第 2 版）』ナカニシヤ出版，pp. 66–69。

る生徒へのフィードバックは，生徒の自己理解の促進において，特に大きな力になり得るだろう。

柳原（2005）によると，このほか，自分も他者も知っている開放領域を拡大することが新たな自己理解につながるという。開放領域を拡大するには，まず自分が知っていて他者が知らない隠蔽領域にある情報を他者に知らせることが必要である。これは自己開示とよばれるが，これに盲点（死角）領域の気づきを促すフィードバックが加わることで，開放領域が拡大していく。また，自分も他者も知らない領域は未知領域とよばれ，本人も他者も気づきにくい，無意識的な欲求や気持ち，潜在的な能力などが含まれるが，こうした開放領域の拡大は，未知領域にある自分も他者も知らない自分を新たに発

見するきっかけをつくり出すという。

　この考えを教員と生徒との関係に適用すれば，教員が留意すべきは，まず生徒が自己開示しやすい環境を構成することであろう。自己開示は，教員が生徒をよく理解し，生徒も教員を信頼しているような人間関係があるときに生じやすくなる。また，先に述べたように盲点（死角）領域についてのフィードバックを行うことも生徒の自己理解には効果的であると考えられるが，盲点（死角）の指摘は本人に常に受容されるとは限らない。信頼している教員の言葉でなければ，生徒は聞く耳をもたないと思われるからである。この点から見ても，教員と生徒のよりよい人間関係の構築が重要となってくる。

3. 生徒の自己理解と友人関係

　2. であげたような，生徒の自己理解における教員の役割と同様の働きは，生徒がもつ友人関係でも生じうる。保坂（1998）によると，生徒は，中学校段階では，互いの趣味・関心やクラブ活動などの共通性や類似性を基盤にして友人グループを形成していく（これをチャム・グループという）が，高校段階では，共通性や類似性を基盤としながらも，互いの価値観や理想・将来の生き方などを語り合うグループ（これをピア・グループという）を形成し，互いの異質性をぶつけ合うことによって，他者との違いを明らかにしつつ自分のなかのものを築き上げ，確認し，そして，互いに異質性を認め合い，違いを乗り越えたところで，自立した個人として互いに尊重し合ってともにいることができる状態が生まれる，という。

　しかしながら，先の保坂によると，近年上のような友人グループの変化プロセスのなかで，チャム・グループの肥大化が生じているという。たとえば，ベネッセ教育総合研究所による「第2回子ども生活実態基本調査」（2009）では，2004年と2009年との比較において，小・中・高のいずれの学校段階でも，より多くの人数を友だちとしてあげる児童・生徒の割合が大きくなっている（特に男子において）。これは小・中学段階における友人グループの構成人数が大きくなっていることをうかがわせるとともに，高校段階になっても

チャム・グループが継続されていることを示唆する。というのも，ピア・グループ化が生じれば，その結果友人の定義も表面的な関係からより深い人格的な関係へと変化していき，「親しい友人」と呼べる人数は減少していくと考えられるからである。

　このチャム・グループの肥大化の背景として考えられるのは，大人と子どもの関係性の変化である。思春期・青年期の特徴として，大人への反抗があげられるが，それは社会的，経済的，情報的な強者としての大人が子どもと対峙しているからこそ生じるものであろう。生徒の友人グループにも，かつてはこうした大人からの抑圧に対する子ども同士の連帯という側面があり，大人という仮想敵を想定することによって，グループが維持され，組織化がなされていたと考えられる。しかし，近年の社会状況の変化により，大人と子どもの対立構造が弱まり，その結果友人グループ維持のために，大人ではなく子ども同士の人間関係のなかにターゲットを見出すことが行われるようになったように思われる（土井，2008 も参照）。

　最近の生徒が，友人グループ内で「浮く」ことを神経質なまでに警戒するのは，こうしたターゲットにされる危険性を避けるためであろう。そして，この傾向は，グループ内での子ども同士の関わり方にも影響を与えている。取り上げられる話題がいきおい表面的で軽いものとなり，一時的な楽しさや面白さが追求され，深刻で重たい話題や本音，互いの相違点が浮き彫りになるような話題は敬遠されるようになっていく。こうして皆が共有しやすい話題が重視されるようになり，子ども一人ひとりにとっては「話題についていく」ことが至上命題となる。また，友人グループの拘束性は非常に強く，一度友人グループが出来上がってしまうと卒業や進級などがない限り，そのグループは維持され，またグループ間の交流もあまり見られない（本田，2011 も参照）。こうしたグループ内での同調圧力や拘束性は，わが国では文化的にもとから強い傾向があるが，子どもたちは上で述べた状況もあいまってよりストレスフルな状況に置かれ，それがいじめや不登校など，この時期の子どもの問題の背景になっていると考えられる。

以上のような状況を，1節で取り上げた発達の社会化と個性化の観点から考えてみよう。まず同調圧力が強いということは，集団（友人グループ）のなかで容認される個性の幅が狭いということである。その一方で，近年学校教育のなかでは生徒の個性の表出や伸長も強調されてもおり，生徒は学校内，学級内である種の葛藤状態に置かれているといえる（苅谷，2005 参照）。また，「キャラ化」「キャラ疲れ」という言葉に象徴されるように，集団内での役割が本人の意思と合わない場合でも，それを変更することは難しく（土井，2009 や斎藤，2011 も参照），社会化と個性化のプロセスが十分に働いていない可能性がある。この節であげた自己理解のプロセスの観点から考えてみると，生徒同士の関わりが表面的なものになるというのは，ジョハリの窓でいう自己開示やフィードバックが起こりにくい状況であり，そのため開放領域が広がっていかず，その結果生徒の自己理解や生徒相互の理解が進みにくくなることが推測される。

　一昔であれば，生徒の友人関係のあり方に教員や学校が口をはさむことに異論もあったであろうが，こういった状況を鑑みるに，友人のようなインフォーマルな関係にもよい影響が出ることをねらった，学校内・学級内でのよりよい人間関係づくりが求められているといわざるを得ない。その点で，グループエンカウンターやロールプレイ，心理劇，ゲーミングシュミュレーション，ワールドカフェなどの手法は有効であり，特別活動や総合的学習の時間でのより一層の活用が期待される。

4.　教員における生徒理解とその歪み

　1. で，学校教育においては，各種教育活動を通し，生徒にさまざまな自己体験をさせることで豊かな自己イメージ・自己像を形成することが求められると述べたが，この体験には，教員の生徒理解が大きくかかわってくる。というのも，授業をはじめとする各種教育活動で，生徒にどんな役割を与えるかを決定するのは基本的に教員だからである。その生徒の人格がよい方向へ形成されるように，との願いをもって，役割は考えられていくが，その際に

生徒の個性や傾向をよく理解し，把握した上でないとうまくいかないだろう。その点でも，教員の生徒理解は不可欠となる。

　ところで，教員の生徒理解はどのように形成されていくのであろうか。教員が生徒を日常的に観察することによって進められることが多いだろうが，その際に留意すべき点は何であろうか。行動や表情など，人間の外面に表出されたものを観察し，それを記録・分析することで，その人の行動の特徴を捉え，内面を理解しようとする方法を観察法というが，一般に，観察法は特別な用具や設備を必要とせず，観察対象の能力や態度にかかわらず誰に対しても行える，観察の結果に基づいて，必要な指導をすぐに行える（松井，2006）などの利点もある。

　日常的に行われる生徒理解においては，この観察法のなかでも，特に自然的観察法と呼ばれる，観察対象や状況に人為的に手を加えることなく，「ありのまま」の姿を観察する方法が用いられ，またさらにそのなかでも日常生活のなかで遭遇し，目撃したときの印象とその積み重ねから人間を理解しようとする偶発的観察法が取られることが多い。しかし，この場合，遭遇や目撃はあくまで偶然によるので，そこで目撃したものがその生徒における一般性を示すものなのか，偶発的なものなのかを判断することは難しい。同じような場面や行動を何度か目撃したからといって，たまたまそれらが積み重なった可能性は排除できないのである。

　また，そうした観察結果の解釈は主観的，多義的になりやすい点にも十分注意が必要である。「ありのまま」に捉えるといっても，心理学では，同じ光景を見ていても，観察する側の心理的要因によって解釈が異なることが知られている。それだけに，自らの理解を絶対視することなく，歪んでいる可能性を常に頭に入れておく必要があろう。以下では，生徒理解の歪みに関わると考えられる現象や事項を6つあげておく。

1）　ハロー効果

　偉人に対して「後光がさす」といういい方がある。また，聖人は頭の後ろの光背とともに描かれることが多い。この後光や光背のことを英語では halo

といい，それがあることでその人の人間性の崇高さが表現されている。生徒理解をはじめとする人間理解でも，対象となっている人がもつ望ましい特徴が，あたかも光背のように働いて，他の特徴の理解や評価によい方向づけを行うことがあり得る。たとえば，勉強のできる生徒は生活面や運動面など他の領域に関してもよく見えることがある。その一方で，これとは反対に，その人がもつ望ましくない特徴が，他の特徴の理解や評価に悪い方向づけを行うこともある。たとえば，勉強のできない生徒は生活面や運動面など他の領域でも悪く見えることがある。このような，ある特徴があることで生じるよい方向づけは正のハロー効果，悪い方向づけは負のハロー効果とよばれる。

2）　暗黙の性格観

　血液型や誕生日，姓名などを用いた性格判断が巷で流行しているが，このほかにも「眉間に皺のある人は神経質」「笑い皺のある人は明るい」「総領の甚六（長子は大事に育てられるのでおっとり屋が多いという意）」「末っ子の甘えん坊」などの格言やいい伝えを聞いたことはないだろうか。このように，身体的特徴や身なり，出身地や出生順位，所属や職業・経歴など，外部からも把握しやすい人間の特徴とその人の性格特性との間に一定の関係があると考えられる傾向がある。また，これと同時に，優しい人は，明るく，理性的で誠実であるというように，ある性格特性は別な性格特性と関連していると考えられる傾向もある。このように，人間は人のある特徴を捉えると，そこからその人の性格をあたかも芋づる式に推測する性格解釈のための枠組みをもっている。この枠組みは，本人がその存在に気づかないことも多いため，暗黙の性格観とよばれている。この暗黙の性格観は，必ずしも科学的な裏づけがあるわけではなく，そのため差別や偏見の一因となる可能性がある。教員に限らず，人間を理解しようとする人々は，こうした暗黙の性格観の存在について自覚する必要があろう。なお，特定集団に対する単純で画一的なイメージや概念であるステレオタイプは，暗黙の性格観を構成する一部だと考えられる。

3)　基本的帰属の錯誤

　われわれは，何かの事態に遭遇するとその原因をどこかに求めようとする傾向がある。これを原因帰属というが，この原因帰属の仕方にはある一定の偏り（バイアス）があることが知られている。このうち，生徒理解の際に特に留意すべきなのは，基本的帰属の錯誤とよばれるものである。これは他者の言動に対する原因帰属において，概してそのときの状況や環境などの外的要因よりも，むしろその人の性格や能力など内的要因に帰属を行いやすいというものである。すなわち，本来は外的要因に帰属させるべきところを内的要因に帰属させ，その結果としてその人に対する印象やイメージをつくり上げてしまうことがあり得るのである。この傾向は特に悪い結果のときに生じやすい。生徒の言動により，何か悪い事態を招いてしまったときには，その生徒の内面に原因を帰属しやすいが，外的な状況による可能性にも目を向ける必要がある。

4)　自己呈示

　ジョハリの窓のところで自己開示について触れたが，生徒が教員に見せる姿は，ありのままの自分とは限らない点に注意する必要がある。自分にとって望ましい印象や評価等，ある種のイメージを相手にもってもらうために自らの言動を意識的にコントロールすることを自己呈示とよぶが，教員は評価者でもあることもあり，こうした自己呈示的な行動を受けやすい存在だという点を自覚する必要がある。

　また，基本的に人間は自分が関わった範囲のなかでしか，相手を理解することはできない。したがって，生徒に対する自らの理解を関わっていない部分にまで拡大することは一種の飛躍を含む点に十分留意しなくてはならない。それだけに，日常的に教員間や保護者との連携を深め，自分が関わっていない場面における生徒の言動や様子にも十分関心をもち，情報を収集しておく必要がある。

5)　バランス理論

　人間を理解するといった場合，われわれは自分と対象となっている相手と

の関係性だけで理解していると思いがちである。しかし，ハイダー（F. Heider）のバランス理論によると，それ以外の人間関係による影響も無視できない。図1-2を参照してほしい。自分（P）と相手（X），相手以外の第三者（O）として説明すると，自分から相手（P→X），自分から第三者（P→O），第三者から相手の関係性（O→X）を，その心情に基づき，好きの場合を＋，嫌いの場合を−として表現し，3つの関係性それぞれの符号を掛け合わせる。そのとき，全体の符号が＋ならば均衡が取れており，−ならば不均衡である。不均衡の場合は，均衡になるように，3つの関係性のうち変えやすいところが変化するといわれている。この説明における自分を教員（P），相手を生徒（X），第三者を親しい同僚教員（O）とし，同じ生徒をめぐって同僚教員と評価が割れているケースを考えてみよう。この教員は生徒を評価しており，P→Xの符号は＋である。この教員と同僚教員は親しいのだから，P→Oの符号は＋である。ところが，同僚教員は同じ生徒を評価していないので，O→Xの符号は−である。この3つの符号を掛け合わせると全体としては−で，不均衡の状態である。この場合，この教員の生徒に対する評価か，この教員と同僚教員との関係か，もしくは同僚教員の生徒に対する評価のいずれかが変化して，全体の均衡を保つように動く。このうち，この教員にとって一番変化させやすいのは，その生徒に対する評価を＋から−へと変えること

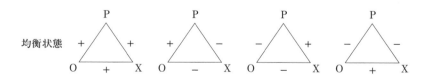

図1-2　ハイダーのバランス理論

出所：Heider, F. 1958 *The Psychology of Interpersonal Relations.* Wiley.

であろう。

6）ビリーフ

　人間は，何らかの事態に遭遇した際，その人の過去経験によってつくられた枠組みを用いて，それを認知したり理解したり，判断したりする。これを主観的準拠枠という。そのなかでも，その人がもっている信念や固定観念は臨床心理学ではビリーフとよばれ，特に，根拠がなく，不合理なビリーフはイラショナルビリーフとよばれる。たとえば，「何事も結果がすべてである」というビリーフをもっている人にとって，経過はあくまで経過であって，評価の対象とならないことが多いだろう。このように，同じ人の同じ行動であっても，捉える側のビリーフの内容によっては，まったく別の捉え方がなされる場合がある点に留意する必要がある。

　河村（2000）は，教員特有のビリーフがあることを指摘している。たとえば，「教師は，その指示によって学級の児童に規律ある行動をさせる必要がある」といった児童管理・生活管理についてのビリーフをもつ教員は，学級の児童を「よい子」と「悪い子」に明確に分けるような言動が多いなど，理解のしかたを限定する傾向が認められるという（高橋，2002 参照）。

　この教員特有のビリーフは，その形成過程において，教員としての経験だけではなく，自らが児童や生徒だったときの経験にも影響されていると考えられる。児童や生徒のときから，勉学だけではなく，部活動やクラブ活動など学校で行われる諸活動に対して積極的であり，学校という場を支配している価値観や規範を受容してきた人たちが教員になった場合，同じように積極的で受容的な児童・生徒は比較的理解しやすいが，消極的で拒否的な生徒は，自らの経験だけでは理解しにくいだろう。

　このように，ビリーフによって，生徒理解の内容や難易が変わり得る。それだけに，自らの解釈や判断の枠組みになっているビリーフに気づき，必要に応じて，その根拠や合理性を問うことも重要となろう。

3節　自己指導力の育成とガイダンス

　1節で「社会化と個性化の折り合いを自分でつけられる力」，すなわち自己指導力の育成が生徒指導であると述べたが，この考え方はガイダンス（Guidance）とよばれる。ジョーンズ（A. J. Jones）によると，ガイダンスとは，「賢明な選択と適応をなすのに個人に与えられる援助」であり，「個人に代わって選択をしてやるのではなく，他からの援助がなくても自主的に決定できる能力が徐々に発達していくように促進したり，刺激したりするようなやり方で，彼ら自身の選択をなすのを助ける」ことである（Jones, 1963；飯田, 1988）。

　ガイダンスについては，平成21年改訂高等学校学習指導要領特別活動編において「生徒のよりよい適応や選択にかかわる，集団場面を中心とする指導・援助であり，生徒一人一人の可能性を最大限に開発しようとするものである。具体的には，生徒のホームルームや学校生活への適応や好ましい人間関係の形成，学業や進路等における選択及び自己の生き方などに関して，学校が計画的，組織的に行う，情報提供や案内，説明およびそれらに基づいて行われる学習や活動などである」とされており，生徒指導，そして進路指導においても中心的な役割を担っている。

　平成29年改訂中学校学習指導要領でも，ガイダンスについて「学級や学校生活への適応や人間関係の形成などについて，生徒が学校における諸活動や集団の意義，内容等について十分に理解し，よりよい適応や好ましい人間関係の形成に向けて積極的に活動する意欲や態度を養うために重要」であるとされ，そのガイダンス機能の充実が強調されている。

　ところで，自己指導力とはどのような条件の下で育成されるものなのであろうか。自己指導力は，自己理解と自己受容が基盤となっており，そのうえで自分の力で目標を立てて，目標達成に必要となる行動を選択し，実行する，そして，その結果を受けて，また自己理解が進むという循環構造をもつ。ま

た，この自己指導力の育成を図るには，①児童・生徒一人ひとりに自己存在感を与えること，②共感的人間関係を育成すること，③児童・生徒一人ひとりにより多くの自己決定の場を提供すること，の３つが重要である（高橋, 2002）。

このうち，①と②は，基盤となっている自己理解と自己受容の促進に関わることである。自己理解については前に触れたので，ここでは自己受容について述べる。自己受容とは，よいことも悪いことも含めて，ありのままの自分を受け容れることである。そして，これには，他者から受容される経験が必要であると考えられる。ここでいう他者から受容される経験とは，まず1人の人間として尊重されていること，すなわちどのような考えや気持ちを抱こうとも，1人の独立した人間の営みとして認めてもらえること（共感的な人間関係）である。また，そのうえで，他者との関わりをもち，そのなかで自分の存在意義を感じ取れること（自己存在感）である。教員は，学校における教育活動のすべてを通し，まず共感的な人間関係が生徒同士，そして教員生徒間に築かれるよう働きかけをすることが求められる。そして，教科指導のみならず，遊びや各種行事等，多種多様な教育活動を通して，さまざまな人間との関わりを経験させ，自己存在感を感じ取れるような機会を提供することが重要となる。これは2節で述べた自己理解の促進にもつながっていくだろう。

③については，そこに書かれている通り，自分で決めて，自分で実行をし，自分で結果責任を引き受けるという自己決定の場を増やすことがまず重要になる。実際の教育現場では，さまざまな制約のため，教員が先回りしてレールを敷き，その上を生徒に走らせるという形がとられることも多いようであるが，自己指導力の育成という意味ではこれはできる限り避ける必要があろう。

4節　学校教育のなかでの生徒指導の位置づけ

1節で生徒指導は生徒全員に行われる活動であると述べたが，現在の学校

教育における生徒指導の位置づけを見てもそれはいえる。

　生徒指導とは，文部科学省『生徒指導提要』(2010) において「一人一人の児童生徒の人格を尊重し，個性の伸長を図りながら，社会的資質や行動力を高めることを目指して行われる教育活動」であり，「教育課程の内外において一人一人の児童生徒の健全な成長を促し，児童生徒自ら現在及び将来における自己実現を図っていくための自己指導能力の育成を目指す」ものとされている。

　ここで「教育課程の内外において」とあるが，ここでいう教育課程とは「学校教育の目的や目標を達成するために，教育の内容を児童生徒の心身の発達に応じ，授業時数との関連において総合的に組織された学校の教育計

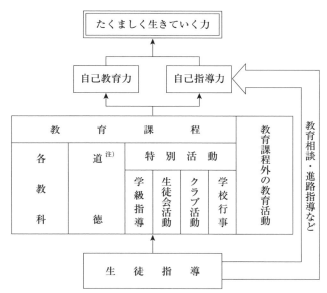

注）道徳は，小学校では 2018 年度から，中学校では 2019 年度から
　　「特別の教科　道徳」が始まった。

図 1-3　生徒指導と教育課程に基づく指導の関係

出所：松田文子・高橋　超　1997『生きる力が育つ生徒指導』北大路
　　　書房（一部付加）。

画」（平成19年改訂小学校学習指導要領）のことである。そして，この指導内容や到達目標のガイドラインを示したものが学習指導要領である。学習指導要領では，各教科，道徳，特別活動（学級活動，クラブ活動，学校行事），総合的学習の時間を教育課程として定めているが，生徒指導は，教育課程としての位置づけは持っていない。その一方で，『生徒指導提要』（2010）では「自己指導能力をはぐくんでいるのは，学習指導の場を含む，学校生活のあらゆる場や機会です。授業や休み時間，放課後，部活動や地域における体験活動の場においても生徒指導を行うことが必要」と述べられているように，教育課程の教科目だけではなく，教育課程外の教育活動において，児童・生徒の人格形成や生き方を構築していくという観点から，学校教育を統合する位置づけとなっている（図1-3参照）。

このため，同じ課程外の活動である，進路指導や教育相談なども基本的には生徒指導の枠内だと考えられてきた。このうち，進路指導は，2章で述べるとおり，生徒指導と同じ生き方に関する指導であるが，どちらかというと進路指導は将来の生き方に重きがおかれ，生徒指導は現在の生き方に重きがおかれている点で違いがある。また，教育相談は，生徒指導における個別的な指導の一形態であるが，近年生徒の精神的健康の維持・増進や問題行動の予防の観点から，個別的な適応指導の必要性が増しており，生徒指導において中核的な位置づけを占めるまでになっている。

平成29年改訂中学校学習指導要領では「学校生活への適応や人間関係の形成，進路の選択などについては，主に集団の場面で必要な指導や援助を行うガイダンスと，個々の生徒の多様な実態を踏まえ，一人一人が抱える課題に個別に対応した指導を行うカウンセリング（教育相談を含む。）の双方の趣旨を踏まえて指導を行うこと」とされており，ガイダンスとカウンセリングが生徒指導の2本柱であることが示されている。その意味で，まずガイダンスとカウンセリングを理解することが生徒指導の要であると言えよう。

●参考文献

有馬道久　2002「児童・生徒理解の進め方」高橋超・石井眞治・熊谷信順編著『生徒指導・進路指導』ミネルヴァ書房

ベネッセ教育総合研究所　2009『第2回子ども生活実態基本調査』

土井隆義　2008『友だち地獄―「空気を読む」世代のサバイバル』ちくま新書

土井隆義　2009『キャラ化する／される子どもたち―排除型社会における新たな人間像』岩波ブックレット

Heider, F. 1958 *The psychology of Interpersonal Relations.* Wiley.

本田由紀　2011『学校の「空気」（若者の気分）』岩波書店

保坂亨　1998「児童期・思春期の発達」下山晴彦編『教育心理学Ⅱ　発達と臨床援助の心理学』東京大学出版会　pp. 103-125

飯田芳郎　1988「ガイダンス」依田新監修『新・教育心理学事典』金子書房

Jones, A. J. 1963 *Principles of Guidance.* McGraw-Hill Book Co.（井坂行男訳 1968『生活指導の原理』文教書院）

苅谷剛彦　2005『学校って何だろう―教育の社会学入門』ちくま文庫

河村茂雄　2000『教師特有のビリーフが児童に与える影響』風間書房

Luft, J. and Ingham, H. 1955 "The Johari window, a graphic model of interpersonal awareness," *Proceedings of the western training laboratory in group development.* Los Angeles: UCLA.

松井賢二　2006「生徒指導の領域と具体的方法」仙崎武・野々村新・渡辺三枝子・菊池武剋編著『生徒指導・教育相談・進路指導』田研出版

松田文子・高橋超　1997『生きる力が育つ生徒指導』北大路書房

文部科学省　2007　平成19年改訂小学校学習指導要領

文部科学省　2010　生徒指導提要

文部科学省　2017　平成29年改訂中学校学習指導要領

文部科学省　2009　平成21年改訂高等学校学習指導要領

斎藤環　2011『キャラクター精神分析　マンガ・文学・日本人』筑摩書房

高橋超　2002「生徒指導の教育的意義と課題」高橋超・石井眞治・熊谷信順編著『生徒指導・進路指導』ミネルヴァ書房

柳原光　2005「ジョハリの窓―対人関係における気づきの図解式モデル―」津村俊充・山口真人編『人間関係トレーニング（第2版）』ナカニシヤ出版

第2章

進路指導とキャリアカウンセリング

　学校教育における生き方に関する指導としては，第1章で取り上げた生徒指導のほかに，進路指導がある。進路指導は，平成29年改訂学習指導要領では，「生徒が自らの生き方を考え主体的に進路を選択することができるよう，学校の教育活動全体を通じ，組織的かつ計画的な進路指導を行うこと」とされている。本章ではまず，自らの生き方を考えた，主体的な進路選択という進路指導の背景となっている基本的な理論について解説し，そのうえで学校における進路指導活動の中核的な役割を担っている進路相談を取り上げ，近年推進されているキャリア教育の背景にも触れる。

1節　進路指導とは

1. わが国における進路指導の経緯と実状

　上にあげた，将来の生き方を踏まえた主体的な進路選択という考えはそれ自体新しいものではない。進路指導は，1958年までは職業指導とよばれていたが，1951年の文部省による職業指導手引き書『学校で行う職業指導』では，「職業指導とは，生徒の個人資料，進学・就職指導，啓発的経験，相談，あっせん，補導などの機能を通して，生徒自ら将来の進路を計画し，進学・就職して，更にその後の生活によりよく適応し，進歩するように，教師が教育の一環として援助する過程である」とされている。

　しかし，実際の進路指導においては，これまで学校卒業後の行き先の決定に最も大きな関心が払われ，その先の人生や生き方が必ずしも考慮されてきたとはいえない。たとえば1950〜60年代の集団就職では，教員が自治体職

員や職業安定所職員とともに生徒に就職先を斡旋する姿が見られた。また，企業が生徒に自社への専願を求め，学校も学業成績や学校生活の状況などを踏まえて，生徒の順位づけを行い，求人先からの要望に応えていくという学校推薦制度は今なお続いている。進学指導においても，校内模試の結果や業者テストによる合否予測などに基づいて，合格可能性のより高い学校への受験が勧められており，基本的に不合格者をできるだけ出さないことが目指されている。ここでは，生徒というよりは教員が進路指導の主導権を握っており，生徒自らが将来の生き方を考え，そのうえで進路を決定するという，進路指導の本来の目的とはかけ離れた状況であったといわざるを得ない。

　1980年代に入り，社会の急速な変動と教育の危機的状況に対応する教育の必要性が，臨時教育審議会（臨教審）をはじめとする教育関連の各種審議会で提起された。1987年の臨教審の第2次答申では「生徒が自らその進路・職業について考え，自己の将来の進路を選択する能力を培うことは，中等教育の重要な役割である。こうした時期にある生徒の能力・適性を組織的，継続的に把握し，生徒の主体的な進路選択の能力を伸長するため，学校においては，進路指導の意義や必要性を理解し，それを円滑に行うための観察・指導をはじめとする進路指導の体制を確立すること」とされ，将来の生き方を考えながら，生徒が主体的に進路選択していくという進路指導本来の目的へ立ちもどることが求められるようになった。この流れは基本的に現在もなお継続しており，キャリア教育へと受け継がれている（5節参照）。

2．進路指導の背景理論

　さて，1. で述べた進路指導の目的やその考え方の背景となっている理論にはどのようなものがあるのであろうか。第1章でも触れたように，進路指導は20世紀初頭のアメリカにおけるガイダンス運動に由来するものである。ここでは，それらが提起された当時のアメリカの事情等も含めながら，進路指導の基礎理論について解説していく。

1) 特性・因子論

　組織的・体系的な職業指導を最初に始めたのはパーソンズ（F. Parsons）である。19世紀中頃に始まったアメリカの工業化は，20世紀初めにかけて急激に発展し，当時世界の工場といわれたイギリスを追い越すまでになった。そして，産業の機械化に対応すべく，成人の職業的再訓練が必要となり，これに対する社会的，教育的対応を求める職業指導運動が生じた。これは第1章で触れたガイダンス運動に結びつくものであるが，こうした動きのなか，パーソンズは，1908年にボストンに職業相談所を開設し，成人や青年を対象とした職業相談を行ったのである。パーソンズは，賢明な職業選択には次の3つが必要であるとした（三村，2012）。

　①自分自身，つまり自分の適性，能力，興味，強い希望，資源，限界，およびこれらの背景になっているものをよく理解すること。

　②さまざまな職業の過程における，要求，うまくやるための条件，よい点と悪い点，代償とされるもの，チャンス，そして見通しを知識としてもっていること。

　③上記の2グループに入ることがらを関連づけたうえで合理的に推論していくこと。

　上のうち，①は個人がもっている特性，②は職業がもつ因子（要件）であり，パーソンズはこの2つをマッチングさせること，言い換えれば，自分の特性に関する理解（自己理解）と職業に関する理解（職業理解）とを関連づけることが職業選択の決め手になると考えたのである。ここでは，その人の特性に適合した職業に就けば，その人にとっては，職業上の満足感が高く，成功の可能性も大きい，また，職業の側から見ても，その人はその職務を合理的・能率的に遂行できる人材であることが仮定されている。

　この考えは，特性・因子論とよばれ，20世紀前半の職業指導・進路指導の中心的な理論となった。そして，原理的には，現在においても職業決定のための指導や相談を支える基本的な枠組みとなっている。

2) 構造理論

　20世紀後半になると，進路指導の理論は，構造理論と発達理論の2つに分かれていく（三村，2012）。前者の構造理論は，原理的には1)の特性・因子論の流れを汲んでいるものの，人間がもつ特性が人生の早期における発達過程，すなわち人間と生活環境との相互作用によって形成されたものと捉えられている。この立場に立つ説としてはホランド（J. L. Holland）の職業パーソナリティ説が代表的である。後者の発達理論については3)の職業発達理論で述べる。

　ホランドの基本的な考え方は次の通りである（渡辺，2001）。

①個人の行動は，その人のパーソナリティとその人を取り巻く環境との相互作用によって規定される。

②個人のパーソナリティは，現実的，研究的，社会的，慣習的，企業的，芸術的という6つのタイプに分類される。

③環境（職業）も，パーソナリティと同様の6つのタイプに分類できる。

④人間は，自分のもっている技能や能力が生かされ，価値観や態度を表現することができ，自分が納得できる役割や問題を引き受けさせてくれるような環境を求める。

　特性・因子説でいえば，上でいうパーソナリティが個人のもつ特性に当たり，環境（職業）の類型が因子（要件）に当たる。ここではパーソナリティは早期の発達過程における個人と環境の相互作用によって形成されたものと考えられている。表2-1にその6類型をまとめておく。このホランドの理論に基づいて作成されたのが職業興味検査（VPI）である。

　VPIでは，個人のパーソナリティは6つの興味領域尺度のプロフィールとして把握される。すなわち，6つの領域（類型）は程度の差はあれ，皆がもっているものと仮定されている。また，職業の側も，1つの類型ではなく，3つの類型の組み合わせによって規定されている。たとえば，小学校教員は，社会（S型），芸術（A型），研究（I型）の組み合わせからなっている。対象者は，興味領域尺度のプロフィールの上位3領域（類型）と，自分が志望する

表2-1　ホランドによるパーソナリティの6類型

類　　型	特　　徴
R型(現実的)	航空機整備員，大工，電気技師などのように，機械や物体を対象とする実質的な仕事を好む。機械を操作したり物を作る能力に恵まれ，パーソナリティは，現実的でねばり強く，実際的で控え目で落ち着いている傾向がある。
I型(研究的)	生物学者，人類学者，化学者，学芸員などのように，探索的，研究的仕事を好む。抽象概念や論理的思考力，数理的能力に恵まれており，パーソナリティは，合理的，分析的で独立心が強く，知的で几帳面で内向的な傾向がある。
A型(芸術的)	詩人，音楽家，文筆家，俳優のように，芸術的な仕事を好む。このタイプの人は作文，音楽，美術関係の能力をもち，独創性や想像力に恵まれる。パーソナリティは繊細で感受性が強く，規則や習慣を重視せず，内向的で衝動的な傾向がある。
S型(社会的)	教師，カウンセラー，言語治療士などの職業にみられるように，対人的，社会的な仕事を好む。対人接触的・社交的能力をもち，パーソナリティは協力的で，他人の気持ちに敏感に反応し，洞察力と責任感があって社交的で思いやりがある。
E型(企業的)	セールスマン，管理職や企業家，テレビ・プロデューサーなどのように，企画や組織運営などの仕事を好む。この型の人は指導力，説得力，表現力に恵まれ，パーソナリティは，野心的，支配的であり，積極的で社交性に富む傾向がある。
C型(慣習的)	公認会計士，公務員，プログラマー，事務員などのように，定まった方式や規則に従い，反復的色彩の濃い仕事を好む。事務処理能力をもち，パーソナリティは，協調的で自制心に富み，几帳面でねばり強く，人の和を重んじる傾向がある。

出所：独立行政法人労働政策研究・研修機構　2002『VPI職業興味検査手引 [第3版]』。

(複数の) 職業に含まれる類型（上位3つ）とをつき合わせることで，両者の一致の度合がわかるようになっている。たとえば，興味領域尺度のプロフィールの上位3領域（類型）に社会（S型），芸術（A型），研究（I型）が含まれている人であれば，自分が志望する職業に含まれる類型の上位3つにこれらが含まれていればいるほど一致しており，まったく含まれていない場合は一致していないということになる。

3) 職業的発達理論

1) で取り上げた特性・因子論は，たとえていえば鍵と鍵穴の関係と見ることができる。しかし，その適合性は必ずしも永続的なものとは限らない。なぜなら，人間は，発達途上の児童・生徒はもとより，成人であっても変化・成長し得るし，また同じ職種であっても仕事の内容が社会変動や技術革新などとの関連で大幅に変わり得ることもあるからである。すなわち，鍵も鍵穴も互いに変化する可能性をもっており，その点で，この特性・因子論は静的な見方であるともいえる。

人間と職業との関係をもっと動的（ダイナミック）に捉えようとしたのはスーパー（D. E. Super）である。スーパーは「職業的発達の 12 の命題」(1957)のなかで，職業的好み，コンピテンス，さらには個人の生活や仕事の状態は，時間とともに，経験を積むとともに変化するものとし，これら職業的発達は，常に前進する継続的な過程であるとした。そして，この過程は個人と職業との相互作用によって生じると考えている。

この説で特徴的なのは，自己概念の働きを重視している点である。職業的発達とは自己概念の発達でもあり，職業適応の過程は自己概念を実現する過程である。自己概念は，青年期以前に形成され，成長し，青年期での探索的経験を経て，さらに明確となり，現実吟味を行いながら，職業的用語に置き換えられる。ここでいう「職業的用語に置き換える」とは，個人が職業的関心や好みを表現することであり，それが生じたときは，個人の興味，価値，能力が 1 つのまとまりのあるものに統合され，職業的に意味を持ち始めてきていると捉えられる。そして，就職後の適応過程は，職業的自己概念の実現と確立の過程であり，個人の仕事への満足度は自己概念の実現の程度によるとされる。

こうして職業的な発達は，児童期から高齢期までの一生涯にわたって続くことになるが，スーパー (1969) は，上であげた成長・探索・確立という発達段階それぞれにおける職業的発達課題を示し（表2-2），こうした発達課題の解決していくことがキャリア発達であるとしている。この理論は後で述べ

表 2-2　職業的発達段階（Super, D. E. & Jordaan, J. P., 1974）

発達段階	時　期	職業的発達課題	説　　明
A　成長段階	児童期 青年前期	自分がどういう人間であるかということを知る。 　職業世界に対する積極的な態度を養い，また働くことの意味について理解を深める。	1つの役割を果たすこと（しばしば尊敬する成人や友人に自分を同一化する結果として）により，また学校や自由時間，その他の活動によって児童は自分は何がうまくやれるのか，何を好むか，他の人と自分はどんな点で違うかということを理解し，このような知識で自己像というものをつくりあげる。
B　探索段階 　1　試みの段階	青年前期 青年中期	職業についての希望を形づくっていく。	自分に適切だと思う職業の水準や分野について，おおまかな予想を立てていく。
2　移行の時期	青年後期 成人前期	職業についての希望を明らかにしていく。	学校から職場へ，あるいは学校から高等教育機関に移行する。その際おおまかな予想をある1つの選択へと絞っていく。
3　実践試行の時期	成人前期	職業についての希望を実践していく。	暫定的な職業について準備し，またそれを試みることによって，それが生涯にわたる自分の職業となるかどうかを考える。その職業経験はまだ準備的なもので，その経験によって，積極的にその職業を続けるか他の分野に進むかが考えられる。もし他の分野を考えるようになれば，改めてその他の分野が何であるかとかその職業に対する方向づけを行っていかなければならない。
C　確立段階 　1　実践試行の時期	成人前期から30歳ごろまで	職業への方向づけを確定し，その職業に就く。	必要な機能や訓練経験を得て，一定の職業に自分を方向づけ，確立した位置づけを得る。今後起こる職業についての移動は1つの職業内の地位，役割，あるいは雇用場所の変化が主になる。
2　昇進の時期	30歳代から40歳代中期	確立と昇進。	その後経験を積み，輩下を得，また能力を高めることによって，その地位を確かなものにし，また昇進する。
D　維持段階	40歳代中期から退職まで	達成した地位やその有利性を保持する。	若年期が，競争が激しく新奇な発想が豊富なのに比べて，この時期は，現状の地位を保持していくことに，より力が注がれる。
E　下降段階	65歳以上	諸活動の減退と退職。	人びとは，やがてくるかまたは実際に当面する退職にあたって，その後の活動や楽しみを見出すことを考え案行していく。

出所：木村　周　『わが国職業紹介・職業指導の系譜—その過去・現在・未来』一般社団法人日本職業協会ホームページ（http://shokugyo-kyokai.or.jp/shiryou/shokugyo/03-8.html）。

るキャリア教育の背景理論の一つになっている。

4) キャリアアンカー理論（Career Anchor Theory）

　キャリアアンカー理論はシャイン（E. H. Schein）が提唱したもので，人が
キャリア選択していく上で最も大切な（犠牲にはできない）要素や価値観・好
みを，航海する船の錨（アンカー）にたとえ，個人がもつキャリアアンカー
の理解が重要とする考え方である。このキャリアアンカーには，①管理能力
（管理職につきたい），②技術的・機能的能力（何かの分野でエキスパートになりた
い），③安全性（継続性や安全性を大切にする），④創造性（発明や創造を好む），⑤
自律と独立（自分で決めたやり方で仕事を進めたい），⑥奉仕・社会献身（人の役に
立つことを大切にする），⑦純粋な挑戦（チャレンジできる困難な問題とそこから得ら
れる刺激を好む），⑧ワーク・ライフバランス（自分の生活スタイルに合わせた仕事
をしたい）という8種類がある。

5) プランドハップンスタンス理論（Planned Happenstance Theory）

　プランドハップンスタンス理論はクランボルツ（J. D. Krumboltz）が提唱し
たものであり，計画された偶発性理論とも呼ばれる。個人のキャリアの8割
は予想しない偶発的なことによって決定されるという考えから，キャリアは
偶然の出来事，予期せぬ出来事に対し，最善を尽くし対応することの積み重
ねで形成されるというものである。すなわち，当人も予想しなかったことに
よって興味が喚起され，学ぶ機会が得られ，成長することによってキャリア
は形成される。したがって，偶然に出会う機会を増やし，それを自分のキャ
リア形成に取り込む準備をすることが重要とする考え方である。偶然をキャ
リア形成に取り込むために必要な力としては，①好奇心（新しい学習機会を模
索すること），②持続性（失敗に屈せず努力をすること），③楽観性（新しい機会が
「必ず実現する」「可能となる」と捉えること），④柔軟性（信念，概念，態度，行動を
変えること），⑤リスク・テイキング（結果が不確実でも行動を起こすこと）の5つ
があげられている。

2節　進路相談とカウンセリング

　学校における進路指導活動としては，生徒理解と自己理解を深める活動，進路に関する情報を得させる活動，啓発的経験を得させる活動，進路に関する相談の機会を与える活動，就職や進学に関する指導・援助の活動，卒業者の追指導に関する活動の6分野が知られている。これらのなかでも，進路相談は，教員が将来の人生や生き方について生徒個人と直接向き合えるという意味で，進路指導の中核であるといえる。進路相談の歴史を紐解いてみると，1節で述べた進路指導の理論の歴史にほぼ対応している。また，カウンセリングの方法の歴史とも重なっている。順に説明していく。

1）　指示的カウンセリング

　先にパーソンズ（1909）に始まる特性・因子説について紹介したが，彼は職業指導の創始者であると同時に，カウンセリングの創始者ともいわれている。彼は，職業選択の過程でクライアントの自己理解（特性）と職業理解（因子）を結びつけることを，カウンセラーの職務と考えた。そして，この過程を定式化したのはウィリアムソン（E. G. Williamson）である。それは次の6段階の過程からなる（野淵，1991）。

①分析：個人に関して分析的に詳しい情報を得る。

②総合：分析された情報を再統合して，個人の全体像を系統的に明らかにする。

③診断：個人条件と職務条件との適合性を比較検討して，進むべき方向を明らかにする。

④予測：個人の諸問題が，想定された方向でどのように展開するかを予測する。

⑤相談：これらの情報をもとに，当該個人との相談に臨む。

⑥追指導：個人に対する指導が適切であったかどうかを確認するために，相談の後の追跡指導を行う。

パーソンズやウィリアムソンが活躍した20世紀前半，精神測定運動や児童測定運動など個人がもつ心理特性を客観的，統計学的に測定しようという機運が盛り上がった。今につながる知能検査や適性検査，性格検査などが開発され始めたのがこの時期である。そのため，上の①にある個人に関する情報は，これらの検査を用いて分析的に把握できると考えられていた。また，検査は分析的であるがゆえにそれぞれ測定できる範囲が限られており，そのため，②にあるように，それぞれから得られた情報を再統合して，個人の全体像を明らかにする必要があると考えられていた。

　ウィリアムソンの職業カウンセリングは，上の①～④のプロセスを経て導き出された適合性に関する指導・助言をクライアントに伝え，理解してもらうというカウンセラー主導のものである。カウンセリングとはいっても，ロジャーズ以前であり，いわゆる受容・共感を中心としたものでない点に注意が必要である。ロジャーズ（C. R. Rogers）はこれを指示的カウンセリングとよんで，自身の非指示的カウンセリングと区別している。

2)　循環的カウンセリング

　1)の指示的カウンセリングでは，心理検査や観察の結果に基づく診断と，それに基づく指導・助言の過程が重視されている。これに対し，カウンセラーとクライアントの人間関係の質を重視し，クライアントの自発性・自主性，成長する力や自己実現力を前提としたカウンセリングを提唱したのはロジャーズである。このロジャーズの技法は非指示的カウンセリング，後にはクライアント中心カウンセリングとよばれる。

　このロジャーズによる考えが発表されたのは1942年のことである。当時，パーソンズ以来の指示・助言を中心としたカウンセリングが職業相談の中心的位置を占めるなか，この考えが職業指導に与えた影響は非常に大きかった。前述のスーパーもその影響を受けた1人である。スーパーは，自らの職業的発達理論に基づきながら，ロジャーズによる非指示的カウンセリングと，パーソンズ以来の指示・助言を中心としたカウンセリングとを統合しようとし，これを循環的カウンセリングとよんだ。

渡辺（2006）によると，循環的カウンセリングの過程は次の通りである。

①人間関係をつくりながら，クライアントが自分の問題を探索し，自己概念を表現できるように助ける（非指示的）。

②さらに，カウンセラーのほうから課題を提供したり，設定したりすることで，クライアントの自己探索を深めることを目指す（指示的）。

③クライアントの内的状態（感情面と自己に対する態度）に注目することで，クライアントの自己受容と洞察を援助する（非指示的）。

④検査結果，職業情報，学校での体験，成績など生徒に関するさまざまな資料を活用することによって，クライアントの自己と環境についての現実吟味を促す（指示的）。

⑤現実吟味によってクライアントが経験している感情や態度を探索し，問題解決へ向けての積極的な態度と感情を形成できるように援助する（非指示的）。

⑥意思決定を援助するために，いくつかの可能な方法や起こり得る課題などを考えられるようにする（非指示的・指示的）。

　クライアントとの人間関係を基盤にしながら，カウンセラーはクライアントを見守り，そしてときにはカウンセラーからクライアントに積極的に働きかけをし，それらに対するクライアントの反応や様子を踏まえ，次の働きかけを考える……，循環的カウンセリングの「循環的」とはこのような意味である。スーパーはこうしたカウンセラーとクライアントとのやりとりが，クライアントの自己理解を深め，主体的な問題解決力を高め，結果として職業的発達を援助すると考えたのである。

3）　行動カウンセリング

　行動カウンセリングとは，クランボルツ（J. D. Krumboltz）らによって開発されたものであり，学習理論をカウンセリングに応用したものである。すなわち，問題を行動レベルに限定し，行動はその適応性・不適応性にかかわらず，学習されたものであると考える。したがって，適切なプログラムを組んで実行することにより，不適応行動を消去して，適応行動を獲得させること

が可能であるとする。進路決定という問題に関しては，次のようなプログラムが提唱されている（中西，1997）。

①相談と来談者の目標について話し合い，相互に一致した目標に限定する。

②目標の達成に関してカウンセラーと来談者は相互に一致し，協力する。

③問題解決のための方向をブレーンストーミングなどを用いて探り出す。

④選択方向の情報を（a）目標，（b）方向，（c）限界，（d）状況，（e）時間などを考えて集める。

⑤いくつかの選択方向についての結果を，確率（たとえば，合格の可能性）と望ましさ（たとえば，適性に合っている）などで検討する。

⑥目標，選択方向，結果について再評価し，先の課題を再び考え直す。

⑦新しい展開や新しい機会に伴って，暫定的な意思決定や選択をする。

⑧将来の新しい課題に対処するため，これらの意思決定過程を一般化する。

このうち，⑤の選択の方向と望ましさという２つの基準は，ジェラット（H. B. Gelatt）（1962）の連続的意思決定モデルの応用である（図2-1参照）。このモデルでは，1回で最終決定に至るとは考えられておらず，まず目的や目標に沿って情報を収集し，予測システム，価値システム，基準システムの3つの方略を経て，試験的決定を行う。そして，それに即してまた情報を収集する，というような繰り返しを経て，最終的決定を行うとするものである。

渡辺（2001）は，ジェラットに代表される意思決定理論が進路相談へ与えた影響の1つとして，選択における個人の価値の重要性をカウンセラーに認識させたことをあげている。すなわち，意思決定は，特性・因子論が仮定しているような，専門家や心理検査などの示唆によって行われるものではなく，非常に主観的で，それぞれの出来事や選択肢を個人がどのように知覚するかに依拠して行われるものである。したがって，個人と職業の適合性の問題よりも個人の意思決定過程が重要となるのであり，個人の意思決定過程を分析して，より効果的な意思決定行動をとれるように援助することがカウンセラーの主な任務となる。

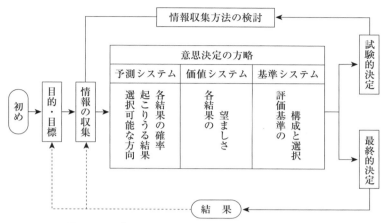

図 2-1　ジェラットによる連続的意思決定モデル

出所：日本語版：関 岫一・松浦 宏・古市裕一・中西信男編　1997『教育心理
学の理論と実践』日本文化科学社。
原版：Gelatt, H. B. 1973 *Making Vocational Choices: A Theory of Carrers*,
Englewood Cliffs, Prentice-Hall.

4)　キャリアカウンセリング

　進路相談について，これまで，個人の職業（進路）選択，もしくは選択へ
向けての準備を援助する過程（渡辺ら，2001参照）として述べてきた。しかし，
職業は生き方の中心的な役割であることは認めつつも，それだけで生き方の
すべてが決まるわけではなく，個人がもつ他の社会的役割との関係も考慮す
べきであるとの見方が近年強まっている。キャリアというと一般には職業的
な経歴や積み重ねをいうことが多いが，ここでは「生涯を通して，ある人に
よって演じられるさまざまに持ち得る諸役割の組み合わせとその連続」（ス
ーパー，1980）がキャリアと捉えられている。スーパーは，これを，一般的な
意味と区別するため，特にライフキャリアとよんでいる。また，これが生涯
にわたって変化していく様を，図2-2で示したライフキャリアの虹（レイン
ボウ）で図式化している。

　これは，キャリアが，子ども，学生（学ぶ人），余暇人，市民，労働者（働
く人），家庭人，その他の役割の連続が重複した形で形成されているイメー

ジを示している。それぞれの役割の円孤が示す黒い帯がその役割に使用する時間であり，エネルギーである。この図を使用することで，どの時期にどのような役割を重要視するかどう「生き方」や，役割や職業における価値観を表現できる（三村，2012）。

渡辺（2001）はこのキャリアの特徴について次のように述べている。「まず，キャリアとは個々人が自分で構成するものであり，『個人から独立しては存在しえない』という概念が含まれている。その意味で，人は職種を選ぶようにキャリアを選ぶことはないのである。キャリアは，個々人が，具体的な職業や職場などの選択・決定を通して，時間をかけて一歩一歩努力して進んでいくのであり，創造していくものである。個人が何を選び，何を選ばないか

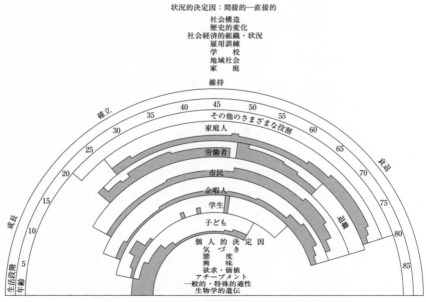

図2-2　ライフキャリアの虹（レインボウ）

出所：日本語版：中西信男　1995『ライフ・キャリアの心理学』ナカニシヤ出版。
　　原版：Super, D. E. 1980 A life-span approach to career development. *Journal of Vocational Behavior,* **16**, 282-298.

によって作り出されるものであるから，ダイナミックであり，生涯にわたって展開されるものなのである。したがってキャリアは個々人にとってユニーク（独自）なものである。」

この立場に立つと，進路相談は「将来の生活設計と関連づけながら，現在の職業選択をしたり，生活上で果たしたいと願うさまざまな役割（職業人，親，配偶者など）のバランスを考え，生き方を考える過程」（渡辺，2001）ということとなる。進路相談や職業相談をキャリアカウンセリングと単に言い換える向きもないわけではないが，人生や生き方との関連から見れば，上のライフキャリアの視点からのものこそがキャリアカウンセリングとよぶにふさわしいと考えられる。

3節　学校における進路相談

学校における進路相談については，1977年に文部省が出した「中学校・高等学校進路指導の手引き―進路指導主事編」で「生徒一人ひとりを対象として，個別相談やグループ相談を通して進路への関心を高め，自己および現実理解の深化や自己および現実受容を促し，進路の設計・計画やそれに伴う進路選択の能力を伸張して，将来の生活における適応と自己実現がより確実に達成できるように，問題解決能力と自己指導能力の発達を促すための援助活動である」と定義されている。この定義には，先に触れたスーパーの職業的発達やガイダンスの考え方が反映されていることがわかる。

これに従うと，進路相談は，卒業年次での進路決定の場面やコース・系の振り分けの場面，もしくは生徒が進路に関する悩みを打ち明けたときに限って行われるものではなく，生徒の職業的発達を援助すべく，入学直後から卒業に至るまで意図的・計画的に行われなければならないことになる。

渡辺（2006）は，進路相談の目的を以下のようにまとめている。①進路学習で学んだ知識・理解の内容の内在化を促進する，②自己理解の内容を整理・統合する，③進路への関心を高める，④進路計画を樹立する，⑤進路情

報の収集活動への動機づけをする，⑥進路決定・意思決定に関わる不安を低減する，⑦意思決定過程の認知的学習を促す，⑧進路選択応用力の伸長を図る，⑨進路決定後の不安や迷いを解消し，選択した進路先に積極的に移行できるように促す，⑩職場体験，インターンシップの事前指導のなかで実習先の決定，また事後指導のなかで経験の意義の発見とその内在化の促進を図る。

　5節で述べるように，進路指導は，単なる卒業後の進学先や就職先の決定から，職業だけではなく他の社会的役割も含めながら将来の生き方を考えていくことが求められており，従来の進路指導を含んだキャリア教育に変わりつつある。これとともに，進路相談もキャリアカウンセリングへと名称が変わってきているが，この変化が単なる名称変更に終わらないよう，進路指導の本来の姿に即した目的や活動を検討していかなければならないだろう。

4節　進路相談と職業適性

　スーパーの職業的発達理論で触れたように，職業に就き，そのなかで何らかの役割を果たしていく過程は自己概念の実現，すなわち自己実現の過程である。したがって，進路選択に当たっては，自己概念の明確化と十分な現実吟味が重要になるが，これを主として個別的に援助するのが進路相談である。そして，自己概念の明確化や現実吟味とは，進路相談の文脈では，自分の職業適性について考えることであろう。

　職業適性は，平たくいえば「向き―不向き」のことであるが，この判断においては，一般に何らかの活動や作業，動作ができるかできないかという個人の能力面に関心が向きやすい。しかし，能力には訓練や経験によって開発されていくという側面もあり，訓練や経験を持続的に方向づけていくという点で職業に対する興味や好み，意欲といった情動的な側面も無視できない。また，職業がもつ自己実現的な意義を踏まえれば，職業に対する価値観や態度も考慮する必要も出てくるだろう。このような点から，スーパーは，職業適性を非能力面にも拡大し，職業適合性という考え方を提唱している（図

2-3)。ここでは，非能力面は広くパーソナリティとして括られている。

　進路相談では，心理検査によって職業適性に関する情報を集めることもあるが，この職業適合性を踏まえれば，非能力面も含め，幅広い観点から検査

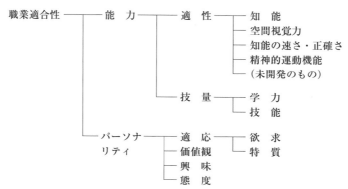

図 2-3　職業適合性
出所：スーパー著（日本職業指導学会訳）　1969『職業生活の心理学』誠信書房。

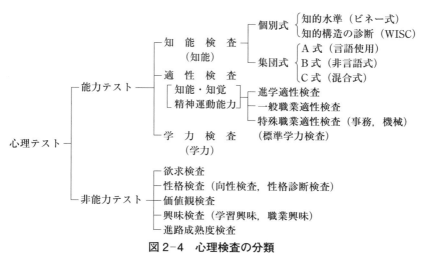

図 2-4　心理検査の分類
出所：渡辺三枝子「進路指導の方法と技術」仙崎武・渡辺三枝子・野々村新編著　1991
　　　『進路指導論』福村出版。

を実施する必要が出てこよう。図2-4に職業適合性を構成する特性にほぼ対応した心理検査をあげておいたので，職業適合性におけるその検査の位置づけを確認するのに利用してほしい。また，最近では（株）リクルートキャリアのSPIのように，能力面と非能力面それぞれの検査が最初からテストバッテリー（複数の心理検査を組み合わせて用いること）として組み込まれている検査もある。

　これらの検査を実施する際は，テストの名称だけで判断するのではなく，その目的や対象，適用範囲をはじめ，背景となっている理論やどのような手続きを経てテスト化されているのかなどもあらかじめ理解しておく必要がある。それにより，検査をより適切に解釈・利用をすることが可能となろう。

　一般に心理検査は，標準化という手続きを経て，テスト化されている。標準化とは，検査目的から見て適切な集団に対し，サンプリング調査を行い，その結果を踏まえて尺度化を行うことである。そして，被検者の実際の得点は，サンプリングされた集団内における相対的な位置を示す偏差値やパーセンタイルなどによって表現され，評価される。また，このサンプリング調査で，尺度の信頼性（検査結果が安定しているか）や妥当性（測定対象が測定できているか），客観性（誰が測定しても同じ検査結果が出るか）が確認されている。したがって，心理検査の精度はこのサンプリング調査に依存しているといってよい。標準化が最近行われており，しかも十分かつ偏りのないサンプリングが行われているものほど精度が高いものと考えられる。

　心理検査を用いる際，特に留意しなければならないのは，その結果をどう指導や相談に役立てていくのかという視点を忘れないことである。もちろん，1つの検査で断定的な結論は下すことはできないので，他の心理検査や観察・面接の結果など他の情報と関連づけながら進めていく必要がある。一般に心理検査は，いくつかの特性や側面が同時に測定され，その結果がプロフィールで表されることが多い。そこからさらにプロフィールの型などでパターン分けするものもあるが，パターン分けした結果だけで終わらせてはならない。プロフィールを用いることで，どのような側面が課題となるのかを把

握でき，また，その解決のためにはどのような事柄が必要になるのか，クライアントと話し合うための材料になり得るなど，プロフィールの利用価値は大きい。

5節　進路指導をめぐる課題とキャリア教育

　1990年代に入り，近年のニートやフリーターの問題にもつながっていく若者の離職や，高校や大学など上級学校における中途退学者や不登校者，学業不振者の増加など学校不適応が社会問題となった。また，これ以外にも，①身体的な早熟の傾向に比して，精神的・社会的な自立が遅れる傾向，②働くことや生きることへの関心・意欲の低下といった子どもの成長・発達上の問題，③職業について考えることや職業の選択・決定を先送りにするモラトリアム傾向の高まり，④進路意識や目的意識が希薄なまま「とりあえず」進学・就職する者の増加といった高学歴社会におけるモラトリアム傾向，⑤勤労観や職業観の未熟さや社会人・職業人としての基礎的資質や能力が未成熟，⑥社会の一員としての意識の薄さといった若者自身の資質等をめぐる問題が指摘されている（文部科学省，2004）。

　ゆとり世代という言葉に象徴されるように，その原因を若者の気質に求める向きもあるが，教育的には，学校と社会，そして下級学校と上級学校の接続の問題と捉えることもできる。すなわち，卒業後の進路決定のための指導が中心であった進路指導や，卒業後の人生や職業生活との関連が十分考えられてこなかった学校教育のあり方そのものが問われることとなったのである。90年代後半になると，こうした課題に対応する教育改革について議論されるようになった。

　まず，1996年の中央教育審議会（中教審）答申では，「確かな学力」「豊かな人間性」「健康・体力」などからなる「生きる力」が提唱され，この育成が学校教育に求められた。そして，この生きる力を身につけたうえで，さらにそれを何に役に立てていくのか，社会でどう生かしていくか（菊池，2012）

という観点，すなわち社会人・職業人として自立した社会の形成者の育成の観点から，1999年の中教審答申において，キャリア教育が提起された。そして，学校と社会および上級・下級学校間の円滑な接続を図るためには，小学校段階より発達段階に合わせてこれを実施する必要があるとされたのである。

　こうしてキャリア教育は学校教育に導入されたが，2011年の中央教育審議会答申「今後の学校におけるキャリア教育・職業教育の在り方について」では，キャリア教育は「児童生徒一人一人の社会的・職業的自立へ向け，必要な基盤となる能力や態度を育てることを通して，キャリア発達を促す教育」とされ，キャリアについては「人が，生涯の中で様々な役割を果たす過程で，自らの役割の価値や自分と役割の関係を見出していく連なりや積み重ね」とされている。これらの定義はこれまでに述べてきたスーパーの考え方に依拠するものである。すなわち，ここでいうキャリアとはライフキャリアのことであり，職業生活だけではなく，家庭生活や市民生活など他の社会的役割も包含した概念である。また，ライフキャリアレインボウの考え方に象徴されるように，人間は，過去もしくは現在における，それら社会的役割の遂行を通して，自己を捉える。そして，そこで形成された自己概念を踏まえながら将来を展望し，それを実現していく。これがキャリア発達であり，これを支援していくのがキャリア教育である。

　本章の2節で述べたように，スーパーを中心に，進路指導は理論的にはキャリア教育と同様のことを志向してきた。しかし，実際の進路指導の現場では，進路決定のための指導や，職業と個人が持つ特性の適合性の判断に活動が矮小化されてきたのが実状である。その意味でいえば，キャリア教育の提唱は，スーパーを中心とする進路指導理論の体現であるといえる。

　従来，キャリア教育は，学校においてすべての教育活動を通して推進され，また教育課程の改善を促進するものとして位置づけられてきた（文部科学省「キャリア教育の推進に関する総合的調査研究協力者会議報告書」）が，平成29年改訂中学校学習指導要領では，「生徒が，学ぶことと自己の将来とのつながりを

見通しながら，社会的・職業的自立に向けて必要な基盤となる資質・能力を身に付けていくことができるよう，特別活動を要としつつ各教科等の特質に応じて，キャリア教育の充実を図ること」と述べられているように，学級活動やホームルーム活動を中心とした「特別活動」が，キャリア教育の要であることが明示されるようになった。学校教育におけるさまざまな活動を通して生徒が得た「気づき」や「学び」を，特別活動がつなぎ，積み重ねていくことになったのである（菊池, 2019）。このように，今後のキャリア教育は，個別指導ではキャリアカウンセリング，集団指導では「特別活動」が柱となっていくものと考えられる。

●参考文献

中央教育審議会　1996「21 世紀を展望した我が国の教育の在り方について第一次答申」

中央教育審議会　1999「初等中等教育と高等教育との接続の改善について（答申）」

中央教育審議会　2011「今後の学校におけるキャリア教育・職業教育の在り方について（答申）」

独立行政法人労働政策研究・研修機構　2002『VPI 職業興味検査手引［第 3 版]』

Gelatt, H. B. 1973 *Making Vocational Choices: A Theory of Careers*. Englewood Cliffs, Prentice-Hall.

菊池武剋　2012「進路指導の教育課題と解決」仙崎 武・野々村新・渡辺三枝子・菊池武剋編著『改訂 生徒指導・教育相談・進路指導』田研出版

菊池武剋　2019「キャリア教育の要としての特別活動」『キャリアガイダンス』リクルート社, Vol. 428, pp. 34-37

木村 周　『わが国職業紹介・職業指導の系譜─その過去・現在・未来』一般社団法人日本職業協会ホームページ（http://shokugyo-kyokai.or.jp/shiryou/shokugyo/03-8.html）2019 年 12 月 13 日閲覧

クランボルツ, J. D. & レヴィン, A. S.（花田光世・大木紀子・宮地夕紀子訳）2005『その幸運は偶然ではないんです！』ダイヤモンド社

三村隆男　2012「進路指導の基礎理論と方法」仙崎 武・野々村新・渡辺三枝

子・菊池武剋編著『改訂　生徒指導・教育相談・進路指導』田研出版

文部省　1951『職業指導手引き書　学校で行う職業指導』

文部省　1977『中学校・高等学校進路指導の手びき―進路指導主事編―』

文部科学省　2004「キャリア教育の推進に関する総合的調査研究協力者会議報告書」

文部科学省　2006『小学校・中学校・高等学校キャリア教育推進の手引』

中西信男　1995『ライフ・キャリアの心理学』ナカニシヤ出版

中西信男　1997「進路指導と進路相談」関 峋一・松浦 宏・古市裕一・中西信男編著『教育心理学の理論と実践』日本文化科学社

野淵龍雄　1991「進路指導の理論」仙崎 武・野々村新・渡辺三枝子編著『進路指導論』福村出版

臨時教育審議会　1986『教育改革に関する第二次答申』

シャイン，E. H.（金井壽宏訳）2003『キャリアアンカー―自分の本当の価値を発見しよう』白桃書房

Super, D. E., Crites, J. O., Hummel, R. C., Moser, H. P., Overstreet, P. L., & Warnath, C. F. 1957 *Vocational Development: A framework for research.* Teachers College, Columbia University.

Super, D. E. 1969「職業的発達理論の研究」日本進路指導協会『進路指導研究セミナー報告書』

スーパー（日本職業指導学会訳）1969『職業生活の心理学』誠信書房

Super, D. E. 1980 A life-span approach to career development. *Journal of Vocational Behavior,* **16**, 282-298.

渡辺三枝子　1991「進路指導の方法と技術」仙崎 武・野々村新・渡辺三枝子編著『進路指導論』福村出版

渡辺三枝子　2001『キャリアカウンセリング入門』ナカニシヤ出版

渡辺三枝子編著　2003『キャリアの心理学』ナカニシヤ出版

渡辺三枝子　2006「教育相談の基礎理論と方法」仙崎 武・野々村新・渡辺三枝子・菊池武剋編著『生徒指導・教育相談・進路指導』田研出版

第3章

生徒指導の実践

　本章では生徒指導の実践について取り上げる。実際に生徒指導を行うにあたって学校教員として知っておくべき知識がある。本章では，非行問題・いじめ・学級崩壊を取り上げ，それらの概要を踏まえながら生徒指導の実践のあり方について述べる。

1節　非行・反社会的行動

1. 非行少年とは

　そもそも非行少年とは誰のことをさすのだろうか。少年法第3条によれば，非行少年とは次の3つに分類される（ちなみに，少年という語は男子少年を連想させるが，法律用語の少年とは20歳に満たない者をさし，女子少年も含まれる）。

1. 罪を犯した少年（犯罪少年）
2. 14歳に満たないで刑罰法令に触れる行為をした少年（触法少年）
3. 次に掲げる事由があつて，その性格又は環境に照して，将来，罪を犯し，又は刑罰法令に触れる行為をする虞のある少年（虞犯少年）

　　　イ　保護者の正当な監督に服しない性癖のあること

　　　ロ　正当の理由がなく家屋に寄り附かないこと

　　　ハ　犯罪性のある人若しくは不道徳な人と交際し，又はいかがわしい場所に出入すること

　　　ニ　自己又は他人の徳性を害する性癖のあること

　現行の少年法では，14歳未満の少年は刑事責任能力がないものとして扱われ，法を犯しても処罰されない。代わりに，法に触れる行為をした「触法

少年」として処遇される。昨今の少年犯罪の凶悪化を問題視して厳罰化を求める世論もあり，今後も同じ年齢基準が維持され続けるかどうかは確定的ではない。しかし，そもそも少年法の理念は非行少年に矯正教育の機会を提供するという教育思想であり，処罰が目的ではないことを理解する必要がある。

　また，少年犯罪の増加・凶悪化を問題視する世論があるが，統計資料を見ると，たとえば 2018 年現在の刑法犯少年数（刑法に規定する罪等を犯して検挙された少年数）は過去 10 年中で最低水準となっている（図 3-1）。また，少年による殺人や強盗などの凶悪事件数も減少しつつある（図 3-2）。犯罪種別を見ると，刑法犯少年の半数以上の割合を占めるのは窃盗犯であり，その約半数を万引きが占める（図 3-3）。少年法でいう「非行少年」には該当しないものの，飲酒・喫煙，けんか，その他自己または他人の特性を害する行為をしている「不良行為少年」は，減少しつつあるものの 2018 年現在 40 万人超が補導されている（図 3-1）。つまり，凶悪な少年犯罪は減っているものの，軽微な非行や不良行為は減少しておらず，非行は「浅く広く」浸透している。言い換えれば非行が一般化していると捉えることができる。凶悪犯罪のような一部の特殊事例よりも，非行の一般化のほうが，より身近で深刻な問題であるともいえる。

2．非行・反社会的行動の種類

　警察庁による犯罪種別などを参考に，少年非行の種類として主なものをリストアップすると以下のようなものがある。

- ・窃盗（万引・バイク盗・自転車盗など）
- ・占有離脱物横領（放置自転車や放置バイクを乗り回す）
- ・粗暴行為（暴行・傷害・恐喝）
- ・薬物・有機溶剤（シンナー）等の乱用
- ・性犯罪（強制性交等・強制わいせつ）
- ・出会い系サイト規制法違反（インターネットを利用した売春あっせん等の性非行）

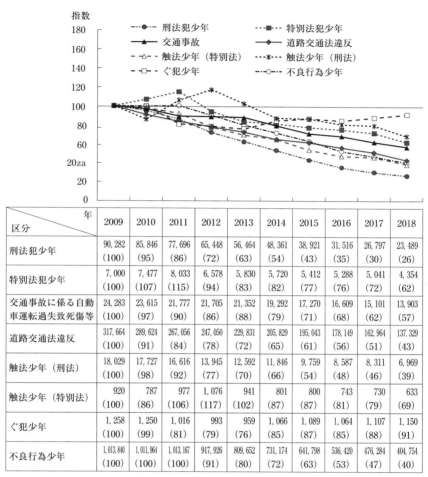

年 区分	2009	2010	2011	2012	2013	2014	2015	2016	2017	2018
刑法犯少年	90,282 (100)	85,846 (95)	77,696 (86)	65,448 (72)	56,464 (63)	48,361 (54)	38,921 (43)	31,516 (35)	26,797 (30)	23,489 (26)
特別法犯少年	7,000 (100)	7,477 (107)	8,033 (115)	6,578 (94)	5,830 (83)	5,720 (82)	5,412 (77)	5,288 (76)	5,041 (72)	4,354 (62)
交通事故に係る自動 車運転過失致死傷等	24,283 (100)	23,615 (97)	21,777 (90)	21,705 (86)	21,352 (88)	19,292 (79)	17,270 (71)	16,609 (68)	15,101 (62)	13,903 (57)
道路交通法違反	317,664 (100)	289,624 (91)	267,056 (84)	247,050 (78)	229,831 (72)	205,829 (65)	195,043 (61)	178,149 (56)	162,964 (51)	137,329 (43)
触法少年（刑法）	18,029 (100)	17,727 (98)	16,616 (92)	13,945 (77)	12,592 (70)	11,846 (66)	9,759 (54)	8,587 (48)	8,311 (46)	6,969 (39)
触法少年（特別法）	920 (100)	787 (86)	977 (106)	1,076 (117)	941 (102)	801 (87)	800 (87)	743 (81)	730 (79)	633 (69)
ぐ犯少年	1,258 (100)	1,250 (99)	1,016 (81)	993 (79)	959 (76)	1,066 (85)	1,089 (87)	1,064 (85)	1,107 (88)	1,150 (91)
不良行為少年	1,013,840 (100)	1,011,964 (100)	1,013,167 (100)	917,926 (91)	809,652 (80)	731,174 (72)	641,798 (63)	536,420 (53)	476,284 (47)	404,754 (40)

図3-1　非行少年等の検挙・補導人員の推移

注1：（　）は，2009年を100とした場合の指数である。

注2：交通事故に係る過失致死傷等と道路交通法違反の数値は，交通指導課による。

注3：グラフ中の凡例の「交通事故」は，交通事故に係る自動車運転過失致死傷等をいい，グラフ，表とも，危険運転致死傷を含む。

注4：本図の道路交通法違反は，道路交通法の罪のうち，車両等（重被けん引車以外の軽車両を除く。）の運転に関するものをいう。

出所：警察庁　2019「平成30年中における少年の補導及び保護の概況」。

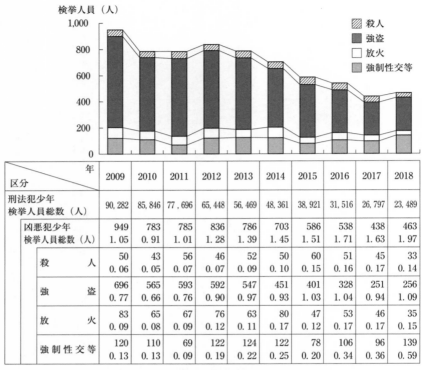

図3-2　凶悪犯少年の検挙人員の推移

年 区分		2009	2010	2011	2012	2013	2014	2015	2016	2017	2018
刑法犯少年 検挙人員総数（人）		90,282	85,846	77,696	65,448	56,469	48,361	38,921	31,516	26,797	23,489
凶悪犯少年 検挙人員総数（人）		949 1.05	783 0.91	785 1.01	836 1.28	786 1.39	703 1.45	586 1.51	538 1.71	438 1.63	463 1.97
	殺　　人	50 0.06	43 0.05	56 0.07	46 0.07	52 0.09	50 0.10	60 0.15	51 0.16	45 0.17	33 0.14
	強　　盗	696 0.77	565 0.66	593 0.76	592 0.90	547 0.97	451 0.93	401 1.03	328 1.04	251 0.94	256 1.09
	放　　火	83 0.09	65 0.08	67 0.09	76 0.12	63 0.11	80 0.17	47 0.12	53 0.17	46 0.17	35 0.15
	強制性交等	120 0.13	110 0.13	69 0.09	122 0.19	124 0.22	122 0.25	78 0.20	106 0.34	96 0.36	139 0.59

図3-2　凶悪犯少年の検挙人員の推移

注：各枠の上段が検挙人員，下段が刑法犯少年検挙人員総数に占める割合（％）である。
出所：警察庁　2019「平成30年中における少年の補導及び保護の概況」。

・喫煙

・飲酒

・深夜徘徊・家出

・暴走行為

　など

　上記のなかでも特に窃盗犯は，先に見たように少年犯罪の半数以上を占める。「コンビニエンスストアでのガムの万引き」と聞くと，ありふれた小さな出来事と捉える人もいるかもしれないが，れっきとした犯罪である。行為

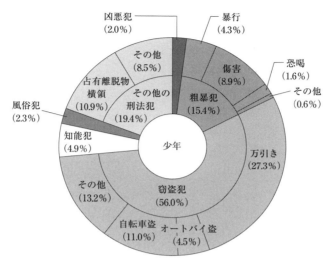

図 3-3　刑法犯少年の罪種別構成比（2018 年）
出所：警察庁　2019「平成 30 年中における少年の補導及び保護の概況」。

　の重大さや，盗んだ物の価値で非行行為を判断せず，後に述べるように，その行為に至る背景を理解したうえで対応していく必要がある。

　　反社会的行動とは，その名の通り「社会に反する行動」であるが，具体的には非行のほかに校内暴力や校則違反，授業妨害やいじめなどが含まれる。ここでは校内暴力を例に取り上げて詳しく考えてみたい。

　　警察庁の定義によれば，「校内暴力事件」とは，学校内における教師に対する暴力事件・生徒間の暴力事件・学校施設，備品等に対する損壊事件をいう（ただし，犯行の原因，動機が学校教育と密接な関係を有する学校外における事件を含む）。警察庁ではこの定義に基づいて校内暴力事件の統計を作成している（表3-1）。ただし，この統計に示されているのは，あくまで警察が「事件」として扱った件数であり，実際には，より多くの校内暴力が発生していることが予想される。

　　そこで文部科学省による，学校内で起こった「暴力行為」に関する統計調

表 3-1　校内暴力事件の推移

区分＼年		2009	2010	2011	2012	2013	2014	2015	2016	2017	2018
総数	事件数（件）	1,124	1,211	1,270	1,309	1,523	1,320	967	832	717	668
	検挙・補導人員（人）	1,359	1,434	1,506	1,608	1,771	1,545	1,131	926	786	724
	被害者数（人）	1,237	1,298	1,416	1,439	1,713	1,420	1,044	918	797	706
小学生	事件数（件）	23	26	22	37	56	57	63	81	103	118
	補導人員（人）	32	29	27	54	70	77	68	88	117	150
	被害者数（人）	28	26	25	38	64	60	68	88	133	124
中学生	事件数（件）	1,050	1,118	1,168	1,167	1,355	1,175	832	673	547	450
	検挙・補導人員（人）	1,246	1,320	1,366	1,414	1,569	1,338	967	751	600	464
	被害者数（人）	1,158	1,204	1,308	1,291	1,525	1,271	901	749	595	479
高校生	事件数（件）	61	67	80	105	112	88	72	78	67	100
	検挙人員（人）	81	85	113	140	132	130	96	87	69	110
	被害者数（人）	51	68	83	110	124	89	75	81	69	103

注：各欄の被害者数については，小学生，中学生，高校生が加害者となった事件の被害
　　者数をいい，被害者の学職は問わない。教師も含む。
出所：警察庁　2019「平成30年中における少年の補導及び保護の概況」。

査を見てみよう（図3-4）。ここでいう「暴力行為」とは，「自校の児童生徒
が起こした暴力行為」をさすものとし，以下の4形態に分類される。

・**対教師暴力**（例：教師の胸ぐらをつかんだ・教師めがけて椅子を投げつけた）
・**生徒間暴力**（何らかの人間関係がある児童生徒同士の暴力行為に限る。例：中学3
　年の生徒と，同じ中学校の1年の生徒がささいなことでケンカとなり，一方がケガを
　した）
・**上記以外の対人暴力**（例：偶然通りかかった他校の見知らぬ生徒と口論になり，
　殴打の末ケガを負わせた）
・**学校の施設・設備等の器物損壊**（例：トイレのドアを故意に損傷させた・補修
　を要する落書きをした・学校で飼育している動物を故意に傷つけた）

　図3-4によれば，2018年度には7万件を超える暴力行為が報告されてお
り，特に小学校における増加が著しい。このように，事件化していないもの

（件）

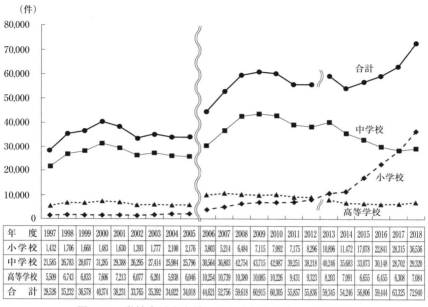

年　　度	1997	1998	1999	2000	2001	2002	2003	2004	2005	2006	2007	2008	2009	2010	2011	2012	2013	2014	2015	2016	2017	2018
小学校	1,432	1,706	1,668	1,483	1,630	1,393	1,777	2,100	2,176	3,803	5,214	6,484	7,115	7,092	7,175	8,296	10,896	11,472	17,078	22,841	28,315	36,536
中学校	21,585	26,783	28,077	31,285	29,388	26,295	27,414	25,984	25,796	30,564	36,803	42,754	43,715	42,987	39,251	38,218	40,246	35,683	33,073	30,148	28,702	29,320
高等学校	5,509	6,743	6,833	7,606	7,213	6,077	6,201	5,938	6,046	10,254	10,739	10,380	10,085	10,226	9,431	9,323	8,203	7,091	6,655	6,455	6,308	7,084
合　　計	28,526	35,232	36,578	40,374	38,231	33,765	35,392	34,022	34,018	44,621	52,756	59,618	60,915	60,305	55,857	55,836	59,345	54,246	56,806	59,444	63,325	72,940

図3-4　学校内外を合計した暴力行為発生件数の推移

注1：1997年度からは公立小・中・高等学校を対象として，学校外の暴力行為について
　　　も調査。
注2：2006年度からは国私立学校も調査。
注3：2013年度からは高等学校に通信制課程を含める。
注4：小学校には義務教育学校前期課程，中学校には義務教育学校後期課程及び中等教育
　　　学校前期課程，高等学校には中等教育学校後期課程を含める。
出所：文部科学省　2019「児童生徒の問題行動等生徒指導上の諸問題に関する調査（平
　　　成30年度）」。

の多数の校内暴力が発生しており，対教師暴力の被害にあっている教員や，
生徒指導主事・主任として問題行動に対応する役割を担う教員は，心労から
体調を崩すことも多い。一部の教員だけに負担がかかるような体制ではなく，
学校組織や地域全体で毅然とした対応をしていくことが求められる。

3．対応の原則

　これまで述べてきたような非行問題や反社会的行動に対してどのように指

導していけばよいのだろうか。特効薬はないものの，一般的な原則について述べていきたい。

　まずは早期発見・早期介入である。非行や反社会的行動は次第にエスカレートしていく傾向がある。早い段階で介入することで，児童・生徒自身を守ることになる。

　また，非行や反社会的行動といった，「表に出てきた」問題行動を手がかりとして，児童・生徒の内面を理解するように努める必要がある。派手な非行行為にばかり注目していると，その背景にある児童・生徒の葛藤や悩みに気がつかない。

　特に，非行少年たちの被害体験に着目する必要がある。調査によれば，児童相談所で非行相談を受け付けた子どものうち，約30％が虐待された経験があり，約半数が成長の途中で養育者が変わり，親や家族との愛着関係を断たれる経験をしていたという（平成16年科研費「こころの健康科学研究事業」報告書）。また，少年院在院者に対する調査では，その72.7％が虐待を受けた体験があるとされる（法務総合研究所，2000年）。このような結果から考えると，何らかの被害体験や喪失体験が児童・生徒の問題行動発現と関係していると考えられ，それらに対する配慮がなければ問題行動への指導も十分に有効なものとはならないと思われる。ただし，非行行為や反社会的行動そのものは社会的に容認されるものではなく，ルール違反であることを明確に伝える必要がある。その一方で，なぜそのような行為をせざるを得ない心理状態に追いつめられたのか，あるいはそのような行為をすることで回避したいものは何なのかを児童・生徒と一緒に考えていく姿勢が必要である。

　また，非行少年の多くは成績がよくなく，勉強に対して苦手意識をもつ者が多い。そのため授業にも出席したがらないという悪循環に陥りやすい。学力という「ものさし」だけで非行少年を判断・指導しようとすると，本人も意欲がわかず，劣等感が強まるだけである。そのため，学力以外の「ものさし」で非行少年を判断・指導することが必要である。たとえば，問題行動はあるものの，リーダーシップがあり人を引きつける魅力がある生徒がいると

しよう。この生徒に応援団長を任せると，スポーツ大会において全校生徒の先頭に立って応援し，学校をまとめる役割を担ってくれるかもしれない。児童・生徒がもともともっている「資源」を活かせるような配慮をすることによって，非行や反社会的行動を減少させたり，予防することができる。

　学校全体の雰囲気づくりも重要である。犯罪学の理論に「割れ窓理論（broken window theory）」という理論がある。これは，一見無害な秩序違反行為（割れた窓）が野放しにされると，それ自体が「誰も秩序維持に関心を払っていない」というサインとなり，犯罪を起こしやすい環境をつくり出すので，軽微な犯罪も徹底的に取り締まることで犯罪を抑止できるとする理論である。この理論を校内環境にも適用すると，落書きや器物損壊を放置することは学校全体の荒れにつながると考えられるため，掃除や校内美化を徹底し，学校全体の意識を高めることで非行や反社会的行動を予防することができる。

2節　い　じ　め

1. いじめの定義

　いじめは小学校から高校まで，広範囲に生じる問題であり，現代の教育問題の1つである。いじめを苦にした児童生徒の自殺等の痛ましい事件が報道されるたびに，いじめに対する意識が高まり，結果としていじめの認知件数が増加する傾向が繰り返されている（図3-5）。2013年9月には，いじめ防止のための国および地方公共団体等の責務を定めた「いじめ防止対策推進法」が施行され，それ以降いじめ認知件数は急増し，2018年現在のいじめ認知件数は過去最多となった。

　そもそも，いじめとはどのような現象をさすのだろうか。上記の法第2条において，いじめとは以下のように定義されている。すなわち，「児童生徒に対して，当該児童生徒が在籍する学校に在籍している等当該児童生徒と一定の人的関係にある他の児童生徒が行う心理的又は物理的な影響を与える行為（インターネットを通じて行われるものを含む。）であって，当該行為の対象と

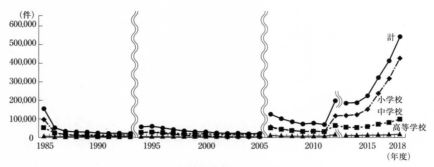

図3-5　いじめの認知（発生）件数の推移

注1：1993年度までは公立小・中・高等学校を調査，1994年度からは特殊教育諸学校，
　　　2006年度からは国私立学校を含める。
注2：1994年度および2006年度に調査方法等を改めている。
注3：2005年度までは発生件数，2006年度からは認知件数。
注4：2013年度からは高等学校に通信制課程を含める。
注5：小学校には義務教育学校前期課程，中学校には義務教育学校後期課程および中等
　　　教育学校前期課程，高等学校には中等教育学校後期課程を含む。
出所：文部科学省　2019「児童生徒の問題行動等生徒指導上の諸問題に関する調査（平
　　　成30年度）」。

なった児童生徒が心身の苦痛を感じているもの」。被害者が「心身の苦痛」
を感じれば「いじめ」であり，加害者の意図や頻度等は考慮されないことが
読み取れる。

　教員がいじめと思われる現場を目の当たりにしたとき，それがいじめに該
当するかどうかで判断に迷うことがある。しかし，「いじめか，いじめでな
いか」という正誤判断は事態の解決のために必ずしも有効ではない。まずは，
いじめを受けたと訴える被害者側の立場を尊重し，そのような訴えがなされ
るからには，その子どもの満たされない思いを共有する他者が必要なのだと
いう視点から，援助・指導を行っていくほうが有効である。

2. 現代のいじめの特徴

　情報化が進んだ現代社会において，いじめもその姿を変えてきた。携帯電

話やインターネットを小学生も日常的に利用する今日，これらのツールを利用したいじめが社会問題化している。武田（2007）を参考に，現代のいじめの例をいくつかあげてみたい。

　たとえば，友達グループのなかで1人だけメールやメッセージを送信されなかったり，「うざい」「死ね」「殺す」などの侮辱や脅迫的内容のメッセージが送られてくるといったいじめがある。また，いじめ被害者が知らないところで「○○（被害者）を無視しよう」という指示のメッセージが回覧されていたり，携帯電話のカメラで被害者の姿を撮影し，その画像や映像を回覧したり，インターネット上に配信したりするという悪質なものもある。

　また，インターネットを利用したいじめの例として，掲示板型サイトに匿名で被害者の悪口を書き込んだり，被害者のブログサイトに誹謗中傷を書き込むという嫌がらせや，出会い系サイトに被害者の名前や連絡先を書き込むという悪質ないじめもある。これらのいじめは脅迫罪などに該当し，実際に事件化して加害児童・生徒が補導・逮捕されている。このようなインターネットを利用したいじめの特徴は，学校内の生徒だけではなく全国（全世界）まで影響が波及してしまうため逃げ場がないことや，加害者が匿名であり，報復をおそれてやり返せないことがあげられる。

　また，携帯電話やインターネットを利用したいじめが深刻化しやすい背景には，子どもが1人1台携帯電話をもち，家族でもいじめの加害や被害を察知しにくくなっているという現状がある。また，子どもたちも利用するSNS（ソーシャルネットワーキングサービス）は，参加者が限定されるため閉鎖的になり，教員も含めた周囲の大人が関与しにくい構造となっており，いじめが進行していても把握や介入が難しい。もとより大人の側に携帯電話やインターネットについての知識が不足しており，不適切な利用の防止や問題への介入ができないことも多い。そのため，教員や保護者も情報機器の適切な利用法に関する研修を受け，児童・生徒に対しては携帯電話やインターネットの適切な利用法について教育する機会を提供していく必要がある。

3. 対応の原則

　いじめ問題にはどのように対応していったらよいだろうか。いくつかのポイントについて述べたい。

　まずは予防的対応である。宮城県教育委員会が作成した「いじめ対応マニュアル」(2007) より，いじめの早期発見のためのポイントとして，被害者やその周囲に現れるいじめのサインの例をいくつか抜粋してみよう。

　・遅刻・欠席が増える。
　・授業中，正しい答えを冷やかされる。
　・物が壊れたり，事件が起きると，その子のせいにされる。
　・用事もないのに職員室や保健室に来たり，部屋の周りをウロウロする。
　・日記，作文，絵画などに気にかかる表現や描写が表れる。
　・飼育動物や昆虫などに残虐な行為をする。
　　など。

　上記のような変化に早期に気づき，様子を見守ったり介入したりすることで，いじめが深刻化することを避けることができる。

　また，教員がいじめのきっかけをつくることは避けなければならない。たとえば，教員が特定の生徒をえこひいきしたり，あだ名でよんだりすることに対して児童・生徒は敏感に反応し，教員によって特別扱いされた児童・生徒をターゲットとしていじめが始まることがある。教員は子どもたちに対する自身の影響力の強さを自覚しなければならない。

　続いて，いじめ被害者への対応である。いじめの被害を受けた子どもは，傷つき，他者を信じることができなくなっている。また，自尊心が低下し，自信も失っている。そのようなときに誰かが受容してくれたり，親身になって話を聞いてくれたり，味方になってくれることは大きな支えとなる。教員は，常にいじめ被害者の味方となって援助しなければならない。その際に，いじめの原因を追及するアプローチよりも，被害者に寄り添いつつ，今後いじめが継続しないような支援を行うほうが有効である。

　さらに，いじめ加害者に対する対応も必要である。いじめ加害者の心理的

特徴として，ストレス耐性が低いことや自己肯定感の低さがあげられる。また，いじめ加害者自身がかつて被害者だったケースも多い。さらに，児童虐待などの被害を受けていたり，家庭内の人間関係にストレスを抱えていることもある。このような特徴を把握したうえで，加害者もサポートする必要がある。加害者自身の被害体験やストレスを考慮し，いじめに走りたくなる気持ちは理解するが，いじめ行為自体は認めないという態度を示すことが必要である。さらに，加害者の保護者と連携する際には，保護者を責めるのではなく，あくまで相談というかたちで協力を得る必要がある。どんな保護者も，自分の子どもがいじめに加担していると聞くと悲しんだり驚いたりするであろうし，なかにはそれを信じられずに態度を硬化させることもあるだろう。このような場合，保護者と教員が対立することは好ましくなく，あくまで「加害児童・生徒の今後のために有意義な指導を考えたい」という姿勢で保護者との相談に臨みたい。また，いじめによって生じた損害は加害者が自分で責任をとれるように配慮する。場合によっては警察や司法的介入が必要になることもある。

　次に，学級への対応である。いじめが発生した際に，その事実を学級に公表すべきかどうかは判断に迷うところである。公表したせいで，被害者が特定されたり，いじめがもっとひどくなることが心配される場合もある。しかし，教員がいじめの事実を知っており，いじめ行為を断固として受け入れないことを児童・生徒に示す必要があり，被害者・加害者を公にはしないものの，ホームルームの時間などで議題として取り上げることがある。

　また，いじめを維持する構造への介入も必要である。森田・清永（1986）は，以下の4つの立場からなる，いじめの4層構造モデルを提唱している。

1. 加害者：いじめっこ。
2. 被害者：いじめられっこ。
3. 観衆：おもしろがって見ている者。
4. 傍観者：見て見ぬふりをしている者。

このモデルによれば，いじめが維持されるのは，加害者や被害者といった

当事者だけではなく，いじめを支持する観衆や，いじめに対して何もいわない傍観者の存在があるからである。観衆や傍観者が間接的にいじめを促進しているとすれば，彼らを「仲裁者」に変化させれば，いじめの継続が難しくなるはずである。特に傍観者はいじめに中立的な立場をとっており，教員の働きかけによってはいじめを止める者（仲裁者）に変化しやすい。まずは「いじめ被害者がかわいそう」という共感性を育てるための教育的機会が必要であろう。また，いじめ被害者に味方することで自分が次のターゲットになることを恐れる児童・生徒たちには，いじめ場面以外でも被害者を支援する方法があることを教える必要がある。

　最後に，学級全体に対するいじめ予防のための取り組みが重要である。学級内で自分の弱さや欠点を表現しても大丈夫だと感じられたり，自分と他者との違いに寛容でいられるような人間関係を構築することがいじめの予防となる。また，いじめ被害者や加害者といった特定の個人にいじめの原因を求めないほうがよい。いじめは，いわばコミュニティの病であり，まとまることを強く求められている集団ほどいじめが生じやすい。逆に考えると，いじめは集団の凝集性を維持するための手段となっている可能性がある。そうだとすれば，いじめ以外の手段によって学級集団の凝集性を維持できればよいのである。学級が一丸となるような学校行事（合唱コンクールやクラス対抗スポーツ大会など）を利用して，学級のまとまりを形成することも有効な予防法である。

3 節　学 級 崩 壊

1．学級崩壊とは

　1998 年に NHK や朝日新聞（1999）が「学級崩壊」を特集番組や記事に取り上げて以来，全国の小学校において同様の現象が頻発していることが注目されるようになった。尾木（1999）によると，学級崩壊とは「小学校において，授業中，立ち歩きや私語，自己中心的な行動をとる児童によって，学級全体

表3-2　授業崩壊のチェック指標

1. 授業中の学習に関する教師の指示が通らない
2. 授業中の立ち歩き，外出がある
3. 授業中の私語が多く，教師の注意で止めない
4. 授業中の口ゲンカ，小暴力が発生したとき，教師の指示で静止できない
5. チャイムでほぼ全員が前を向いて着席し，教科書，ノート類を出していない
6. 授業中，誰かを冷笑したり，はやしたり，隠れた「いじめ」が発生しているのを教師はストップできない
7. 明らかな授業妨害，担任「いじめ」に対して周囲の子が同調している
8. 授業中，堂々とマンガを読んだりおもちゃで遊ぶのを止めない
9. 配布したプリントをわざと破ったり，丸めて床に捨てるのを止めない
10. 教師の注意を無視したり反抗したり，ときには暴力を振るう

出所：尾木直樹　1999『「学級崩壊」をどうみるか』日本放送出版協会。

の授業が成立しない現象」とされる。この現象の具体例は，チェック指標を参考にすると理解しやすい（表3-2）。学級崩壊の状態に陥ると，担任教師が1人で授業や指導を行うことは難しくなり，学級運営自体が立ち行かなくなってしまう。すべての学校現場で学級崩壊が起きているわけではないものの，一部の学級はさまざまな要因から学級運営に支障を来たす状態に陥っている。以下に，学級崩壊の背景にある要因や解決のための取り組みについて述べていこう。

2. 校種や学年の違いと学級崩壊との関連

　学級崩壊が生じる背景には，小学校と中学校の校種の違いが影響しているとされる。表3-3に小学校と中学校の違いを示した。普通，小学校では担任教師が1人で1学級を担任し，すべての教科を受けもつため児童との関係は密着しやすく，また学級外部に対して閉じた構造に陥りやすいとされる。「学級王国」と揶揄される所以である。このような密な関係のなかで担任教師と児童との関係が悪くなってしまうと指導が困難になり，学級外の者が気づかないまま学級崩壊が進んでいってしまう。担任教師自身も，自分の学級で問題が生じていることを恥と捉えたり，過剰に責任を感じてしまうために

表3-3　小学校と中学校の違い

小学校	中学校
一人担任制（学級王国）	教科担任制
担任責任体制	学年責任・教科責任体制
児童と担任の密室度高い	生徒と担任との密室度弱い
管理職との距離感近い（管理職も担任経験者）	管理職との距離感あり
自立未完了	自立の真っ只中

出所：尾木直樹，前掲書より作成。

表3-4　小学校低学年と高学年の学級崩壊の違い

低学年	高学年
自己中心・衝動的 自己統制不全によるパニック現象 コミュニケーション不足 基本的生活習慣の欠如 “崩壊”よりも集団未形成状態 親や学校からのプレッシャー	教師への不満・怒り（差別・不公平） 学習からの逃避 仲間間でのプレッシャー 受験勉強による心情不安 担任教師へのいじめの構造として
幼児期からの 新しい「津波」現象	中学校からの 伝統的な荒れの「雪崩」現象

出所：尾木直樹，前掲書より作成。

他者に相談しにくいことも問題の悪化に拍車をかけることになる。

　また，同じ小学校という校種のなかでも，低学年と高学年とでは学級崩壊の様相が異なる（表3-4）。一般に，低学年における学級崩壊は，まだ学級としてのまとまりが形成されないまま児童が自己中心的，衝動的に振る舞っている様が特徴的である。小学校に就学したものの，授業に取り組む「文化」や，学級内や対人関係において求められる規範が未確立のために，結果として授業が成立せず生じる学級崩壊であり，特に小学1年時に生じるものを「小1プロブレム」とよぶ。対して高学年の学級崩壊は教員への反抗という形をとりやすく，ターゲットとなった担任教師に対して不満や攻撃が向けられることになる。このような学年による特徴の違いを踏まえたうえで，予防

や対策に取り組むことが必要となる。

3. 学級崩壊に陥りやすい指導のタイプ

　河村（1999）によれば，学級崩壊に陥りやすいとされる教員には2タイプあるとされる。

　1つ目は，管理的教師タイプである。学級崩壊の約8割がこのタイプの教員のもとで生じているとされる。このタイプの教員は，子どもの自己の確立のための援助が少なく，権威的な指導を行うことが特徴とされる。教員による管理的指導への不満から，子どもの反抗により学級崩壊が生じることになる。教職経験の長いベテラン教員でも学級崩壊を経験することがあり，以前は通用した管理的な指導が現在の子どもの指導にそぐわなくなった結果，学級崩壊が生じるものと推測される。

　もう1つが，放任・友達的教師タイプである。このタイプの担任教師のもとでは学級はバラバラに拡散し，子どもたちが集団を形成する力が弱まり，学級への所属感も薄くなる。その結果，学級の規則や教員の指示を無視することによって学級崩壊に至る，とされる。放任タイプの教員は，機械的に授業を進めて集団づくりをしないことが特徴であり，このタイプの担任教師の学級ではいじめの発生率も高いという。また，友達的教師タイプの教員は，子どもとの一対一の関係は良好だが，学級集団全体に対して働きかけることが苦手で，子どもに嫌われたくないという思いから子どもを叱れず，結果として学級集団のまとまりが育成されない。放任にしろ友達的にしろ，学級集団の形成が不十分なために学級崩壊が生じるものと推測される。

　学級崩壊に陥らないためには，管理的にも放任・友達的にも偏ることなくバランスを保ち，児童・生徒の自己確立を援助できる指導が求められる。河村（1999）は，求められる教員のリーダーシップのあり方として，子どもを尊重し，子ども自身に考えさせ，行動させることや，子どもの自己の確立を援助するために，子ども自身が問題に気づくことができるような質問や支持の言葉がけの重要性を指摘している。

表 3-5　学級崩壊への対策

1.　子どもと大人との関係性の転換 　　・教師のいうことを聞く＝善，いうことを聞かない＝悪という視点の転換 　　・子どもを評価する尺度に自覚的であること 　　・多様な尺度を用いる柔軟性 　　・管理的教師からの脱却
2.　授業と生活作りの転換 　　・「授業内容」「教授法」「授業システム」を見直す 　　・授業がおもしろければ授業崩壊しない 　　・「伝達」ではなく「学び」の授業内容 　　・授業時間の分割やチーム・ティーチングの導入
3.　一人担任制を止める 　　・学年担任制の導入 　　・同学年の教員で教科を分担 　　・チーム・ティーチングの導入
4.　低学年と高学年の対応策の違いの区別 　　・低学年：「幼・保」からの段差を取り払う 　　・高学年：自主性を尊重する・子どもと一緒に学級を作る
5.　情報公開と父母・他教師との連携と子ども参画の学校づくり 　　・保護者による授業参観の導入 　　・懇談会や学級公開の導入 　　・全職員による担任への協力体制の確認 　　・閉鎖的な学級王国の「開国」 　　・学級通信などをとおしての情報公開 　　・一人一係による学級への参画

出所：尾木直樹，前掲書より作成。

4.　学級崩壊を防ぐ

　学級崩壊を予防したり，学級崩壊の状態から脱出するためにはどのようなことが必要なのだろうか。尾木（1999）のあげる5つのポイント（表3-5）を参考に考えてみたい。

　1つ目のポイントは子どもと大人の関係性の転換である。管理的教師タイプの特徴である，教員自身の価値判断で子どもを管理しようとすることを避

け，おのおのの子どもに合わせた多元的な子ども理解が求められる。

2つ目のポイントは授業と生活づくりの転換である。そもそも授業自体が面白ければ学級崩壊は発生しない。教育のプロとして，教員には授業実践を磨くことが求められる。また，チーム・ティーチングを利用することで学級内に複数の教員の視点を確保して子どもたちに目が届くようにしたり，45分間の授業を前半と後半に分けることで授業の流れにメリハリをつけ，子どもたちが集中しやすいように工夫することもできる。

3つ目のポイントは一人担任制を止めることである。小学校での一人担任制を見直し，学年内で教員が各自の専門教科を担当し，中学校と同じような教科担任制を取り入れることにより，学級に複数の教員が関わるようになる。これまで担任が1人で抱えてきた問題を，学年内の他の教員と一緒に取り組めるようになる。担任教師が孤立せず，互いに支え合える構造をつくるうえでも有効である。

4つ目のポイントは低学年と高学年の違いを踏まえたうえでの対応である。先にも述べたように，小学校低学年では，幼稚園や保育園から入学してきた子どもたちがまだ小学校の文化を獲得できていない状態にある。この場合，生活指導によって学習習慣や規範を身につけさせることも重要であるが，授業の形態を幼稚園や保育園のそれと近い形にアレンジすることで，子どもたちが抵抗なく取り組めるように工夫することができる。たとえば，幼稚園や保育園では子どもたち同士でやりとりする作業場面が比較的多いため，小学校での取り組みも同様に子どもたち同士の作業を多く取り入れることで幼稚園・保育園と小学校との間のギャップを小さくすることができる。一方で高学年においては，たとえば管理的教師に対する反発としての学級崩壊が発生する可能性があるため，児童・生徒の自主性を尊重し，子どもたちと一緒に学級をつくり上げていくことを目指すべきである。また，子どもの自己の確立の援助や学級集団の形成をねらった構成的グループエンカウンター（第11章参照）の利用も効果的であろう。

5つ目のポイントは，情報公開および父母・他教師との連携と子ども参画

の学校づくりである。担任教師が1人で学級を抱え込んで閉鎖的になるのではなく，授業参観や懇談会を積極的に利用して保護者や地域の人が学校・学級運営に参加しやすい環境をつくる。また，学級崩壊は1つの学級の問題ではなく学校全体の問題であるという意識を教職員間で共有し，他の教員や管理職が担任教師をサポートすることを保証する。さらに，子どもが学級づくりや学校づくりに主体的に参加できるよう，子どもたちによる企画運営を積極的に活用する。学級会や委員会活動などはどの学校・学級でも取り入れていることであるが，子どもが「自分も学校・学級の一員なんだ」と思えるような機会が必要であり，そのためには教員による教育的配慮が必要になることもある。

　学級崩壊は誰にとってもメリットのある状態ではない。むしろ，子どもたち自身が学級を変えたいというメッセージを送っているのだとも捉えることができる。教員自身が自分の取り組みに自覚的になり，また学級の様子を複数の視点から眺められるようになることが予防のために必要であろう。

●参考文献

　朝日新聞社会部　1999『学級崩壊』朝日新聞社

　河村茂雄　1999『学級崩壊に学ぶ：崩壊のメカニズムを絶つ教師の知識と技術』誠信書房

　警察庁　2019「平成30年中における少年の補導及び保護の概況」

　宮城県教育委員会　2007「いじめ対応マニュアル」

　文部科学省　2000「学校等における児童虐待防止に向けた取り組みについて」報告書

　文部科学省　2019「児童生徒の問題行動・不登校等生徒指導上の諸課題に関する調査（平成30年度）」

　森田洋司・清永賢二　1986『いじめ：教室の病い』金子書房

　尾木直樹　1999『「学級崩壊」をどうみるか』日本放送出版協会

　武田さち子　2007「現代の『いじめ』の傾向―犯罪化と携帯電話・インターネットによる『いじめ』」『児童心理』No. 61, Vol. 4

第4章

学校と家庭・各種機関の連携

　本章では学校と家庭および各専門機関との連携について取り上げる。児童・生徒を指導・援助するにあたっては家庭や外部機関の協力を得ることが不可欠である。本章では，家庭との連携のあり方や，各専門機関（警察・家庭裁判所・児童相談所・病院など）の機能の特徴や連携の実際について述べる。

1節　連携の必要性

1．学校にできることとできないことを知る

　他の章でも述べられているように，児童・生徒が抱える問題に対して教員が提供できる支援や指導はたくさんあり，それらの実践が必要である。一方で，児童・生徒の家庭背景（経済的問題や家族の不仲など）が問題形成に大きな影響を及ぼしていることに気づいたものの，家庭内の事情には介入しづらく，援助や指導に限界を感じる教員も多い。教員は学校という組織の一員である以上，できることには限界もある。

　まずあげられるのは時間の限界である。小学校では6年間，中学校や高校では普通3年間という限られた期間しか教員は児童・生徒と関わることができない。教員は，何十年と続く子どもの人生のなかの一時期に関わりながら，将来を見据えた，できる限りの支援を提供する必要がある。

　もう1つは空間の限界である。教員は，児童・生徒が学校にいる間ならば直接関与できるが，放課後や帰宅後の家庭生活には関与しにくい。しかし，生徒指導上の関わりが必要となるような事態が生じるのは，これらの限界を超えたときや場所であることも多く，その場合教員だけで事態に対処するこ

表4-1　学校が連携する外部機関の例

機関	主な業務	具体的な連携例
児童相談所	18歳未満の児童に関する相談	これらの機関は子どもに関するあらゆる問題・相談（不登校・性格や行動についての問題・非行・障害・虐待・子育ての問題など）を受け付けています。これらの機関についての情報提供を保護者や子どもにしたり、専門の相談機関として斡旋したりします。また心理判定や障害の判定をお願いしたり、情報交換して今後の役割について分担したりします。
教育委員会の教育相談課	教育相談	
適応指導教室	不登校児童生徒への援助・指導	
発達相談センター	知的障害・身体障害・発達障害に関する相談	
少年補導センター	補導・啓蒙活動・就職支援	
大学等の相談室	各種相談・心理療法	
福祉事務所	健康・福祉に関する支援や相談	主に家庭の経済的問題や法律的問題、福祉サービスを受けるための相談先として保護者に紹介したりします。
家庭裁判所	少年事件の審判・家事審判・調停	
児童養護施設	児童の養護・自立支援	これらの福祉施設は、何らかの理由により家庭では生活できない児童生徒のための生活環境となります。必要に応じて教員が訪問して施設職員と面接したり、施設内での生活の様子について情報交換したりします。
児童心理治療施設	心理的問題を抱えた児童の入所治療	
母子生活支援施設	母子家庭等の自立援助	
児童自立支援施設	不良行為をなす児童や生活指導を要する児童の入所・通所指導・自立支援	
警察	少年の補導や逮捕、非行・犯罪の予防・啓蒙活動	これらは非行や犯罪に関わる機関で、非行少年の補導や逮捕、更生、矯正教育や、非行予防の活動や相談を行います。教員としては、これらの機関のもつ役割をしっかりと理解しておき、非行傾向のある児童生徒やその保護者へ適切な情報提供をする必要があります。
少年鑑別所	少年の鑑別・判定	
保護観察所	犯罪少年の更生・指導・援助	
少年院	社会不適応の原因の除去・矯正教育	
少年刑務所	刑の執行	
児童館	児童の遊び場の提供・情操教育	児童生徒の居場所として、また親同士が助け合うグループとして紹介します。
フリースペース・親の会	児童の居場所の提供・親の相互援助	
家庭教師	児童生徒の学業指導	児童生徒に直接関わり合う成人としてロールモデルになってもらったり、社会との窓口になってもらったりします。
メンタルフレンド	児童生徒の話し相手・遊び相手	
精神科・神経科病院	精神疾患の診断・治療・予防を行う	統合失調症、躁うつ病、パニック障害、強迫性障害、外傷後ストレス障害、薬物依存、摂食障害、てんかん、ほかこころの問題の相談や治療を行います。児童生徒や保護者に病院を紹介したり、情報提供します。
心療内科	疾病（特に身体症状）の病態形成に社会的・心理的因子が深く関与していることを重視し、この面の治療に重点をおく内科診療	不眠、ストレス性の潰瘍、慢性の湿疹、脱毛、気管支喘息、過換気症候群、神経性胃炎、過敏性腸症候群、周期性嘔吐、自律神経失調症などの心身症の治療を行います。児童生徒や保護者に病院を紹介したり、情報提供します。

保健所	国民のさまざまな健康問題に応じるため，都道府県および政令指定都市が設置している公的機関	経済的な理由で病院にかかることができない場合には，原則的に無料で相談を受けることができる，このような自治体の機関を紹介するとよいでしょう。また，「精神科」などの呼称に，極端にネガティブなイメージをもって抵抗し，病院には行けないという場合でも，こうした機関には相談しやすいこともあります。
精神保健福祉センター	精神保健および精神障害者の福祉に関する指導・啓発を行うとともに，精神障害者の社会復帰に必要な生活指導などの事業を実施することにより，市民の精神保健の向上，および精神障害者の福祉の増進を図る公的機関	
その他各都道府県の自治体独自の機関	各自治体によって独自の医療体制を敷いていることがある	例：児童相談所内に児童精神科クリニックを設置している場合などがあります。上記同様，公的機関に併設されているため，連携しやすく，また相談・受診への抵抗も少なくなります。

出所：久保順也　2003「外部機関との連携」若島孔文編『学校臨床ヒント集』金剛出版，
　　　花田里欧子　2003「病院との連携」同書，より筆者作成。

とは難しい。そのため，関連する諸機関との連携が必要となる。

　たとえば，学校現場で出会う複雑な問題の1つとして児童虐待があげられるが，この問題は家庭内の密室的状況で起こることが多く，家庭外の者による早期発見が難しい場合がある。また発見したとしても家庭内の問題として介入がためらわれることがある。このような場合，児童虐待に対応する専門機関である児童相談所と連携して事態の解決にあたる必要がある。また，児童虐待は家族内の人間関係や経済的問題など複数の要因が絡み合って生じることが多く，このような危機的状況に対して学校が単独で対応することは難しいため，専門機関との役割分担が必要になる。

　学校にできることの限界を踏まえて専門機関と連携することは，結局は児童・生徒を守ることになる。そのために，教員はさまざまな問題に対応する各専門機関についての知識をもっておく必要がある。学校が連携する可能性のある外部機関を表4-1に示した。また，以下の節では各専門機関の特徴について取り上げているので参考にしてほしい。

2. 連携のメリット

　連携とは，他機関の専門性を活用して共同で問題解決にあたることである。他機関と連携することで，学校だけでは対処できなかったり，把握できなかったりする問題に対応できるようになる。児童・生徒の問題を他機関に任せっぱなしにすることが連携ではないことに注意する必要がある。また，連携によって，ある問題に対する複数の視点を確保することができるというメリットがある（久保，2003）。困難な問題ほど援助者側の視点が偏りやすい。そこに複数の視点を導入することで，より柔軟で適切な対応が可能になる。

　他機関と連携する際に注意すべきことは，具体的な連携の仕方について共通理解をもっておくことである。たとえば，どの機関がどのような内容についてどのくらい責任を負うのか，という職務の分担や，定期的に開催される連携会議を運営するマネージメント役を誰が担うか，という役割分担などについて明確にしておく必要がある。特に，連携会議は関係者・機関が一堂に集まって情報交換や今後の方針を話し合う場であり，有事の際の連携がスムーズに行くように担当者や責任者の顔を見知っておくとよい。機関間の連携とはいえ，結局は人と人とのつながりが基本であり，互いに信頼関係を築くためには面と向かってのコミュニケーションが欠かせない。

　ときには，他機関が自分の思い通りに動いてくれないことに対して不満をもつことがあるかもしれない。しかし，先に述べたように，他機関は問題を学校とは異なる視点で捉えているかもしれず，それにより対応も異なってくるのである。そもそも各専門機関は，それぞれが拠り所とする法律が異なっている。たとえば，学校が教育基本法や学校教育法等に則って運営されているように，児童相談所は児童福祉法等，警察（特に少年事件）は刑法や少年法等に則って業務を遂行しているため，同じ問題に対してもアプローチが異なるのは必然である。視点の違いに不満をもつよりも，むしろ率直に意見をやりとりして明確な意思疎通のもとで互いの専門性を尊重した連携が可能になるよう図るほうが有益であろう。

3. スクール・ソーシャルワークの導入

　2008年度より，文部科学省によるスクール・ソーシャルワーカー活用事業が全国141地域で開始された。スクール・ソーシャルワーカーとは，福祉領域の専門知識をもった援助職であり，学校だけではなく家庭・地域・専門機関と連携しつつ子どもの抱える問題の解決を援助する専門家である。スクール・カウンセラーが主に子どもの内面に焦点を当てた援助を行うのに対し，スクール・ソーシャルワーカーは主に子どもを取り巻く環境に焦点を当て，子どもの権利と利益を守るために，人と人，あるいは人とシステムの間に立ち，調整や仲介，連携といった機能を重視する（山下，2003）。

　諸外国ではすでに導入されているスクール・ソーシャルワーク制度だが，日本では1986年に埼玉県所沢市で導入されたのが初めとされており，その後，兵庫県や茨城県等でも自治体レベルで導入され，それぞれの地域における成果が報告されている。しかし，スクール・ソーシャルワーカーの人材育成の方法がまだ未整備であったり，既存のスクール・カウンセリングとの違いを活かした活用法を検討する必要があり，全国の学校現場で有効に機能するようになるまでにはまだ時間がかかると思われる。ただし，学校が外部に対して閉じた場ではなく，スクール・ソーシャルワーカーを窓口として外部と積極的に連携する「開かれた場」へと変わっていく流れにあることは間違いない。教員が連携のあり方について学ぶ必要性は今後さらに増すものと思われる。

2節　児童・生徒の家庭

1. 家庭との連携

　児童・生徒の問題解決を援助する際に，家庭と連携することは欠かせない。たとえば，不登校の児童・生徒は必然的に家庭で過ごす時間が増えるため，家族の接し方は大きな影響を及ぼすことになる。また，教員が不登校児童・生徒に直接会って援助することが難しくなるため，家族の協力を得て児童・

生徒をサポートすることが必要となる。さらに，自分の子どもが不登校になったことに対して保護者は不安を抱いており，保護者へのサポートを提供するためにも家庭との連携は必須である。

　非行問題の場合も同様に家庭との連携が欠かせない。非行少年は家族から問題視され，排除されていることも多い。しかし児童・生徒の心理的基地である家庭から排除されてしまうと居場所がなくなり，さらに家庭外に居場所を求めて家出・外泊・深夜徘徊といった問題行動へとつながってしまう危険もある。そのため，児童・生徒を受け止める基盤としての家庭の重要性について家族に理解を得る必要があり，教員は児童・生徒と家族との橋渡し役となることを求められることもある。

　さらに，予防のうえでも家庭との連携は重要である。家庭の状況や保護者の養育態度などが把握しづらい家庭は，後に児童・生徒が問題を抱えた際に発見しづらかったり，介入しづらいことが予想される。問題が発生する前から，学校と家庭との情報交換やスムーズな連携があると事態の悪化を未然に防ぐことができる。

2. 家庭と連携する際の留意点

　家族は1つのシステムである（第10章，第13章参照）。問題が生じた場合にも，家族は1つのシステムとして機能し，もとの状態に回復しようとする。多くの場合は家族システムの自己回復力によって健康な状態を取りもどすことができるが，しばしば家族だけでは問題を解決できない状態に陥り，外部からの支援が必要になることがある。しかし基本的には，外部からの援助は家族システムに備わっている自己回復力を引き出すことが目的である。ちょうど，風邪をひいた人が服薬することによって自分の体に備わった回復力を取りもどすのと同じである。そのため，家族と連携する際には，家族にもともと備わっている力や資源を把握し，それを利用することが前提となる。

　また，家庭は児童・生徒にとっても保護者にとってもプライベートな領域である。保護者が家庭内の問題を教員に対して告白することはあまりない。

保護者も，家庭と学校との間に境界があることを意識しているのである。この境界は学校側から見れば「障壁」に見えることもあるが，家庭にとっては「防壁」の意味をもっており，自分たちの家族を守るために必要なものである。そのため，外部の者がこの壁を乗り越えて踏み込もうとすることは家庭への侵入を意味し，家族にとっての脅威と感じられることがある。たとえば，家族内の人間関係（親子関係や夫婦関係，嫁姑関係など）は児童・生徒の学校生活に影響する可能性はあるものの，必ずしも生徒指導上知る必要がある情報ではない（ただし児童虐待のような危機が予測される場合は例外であり早期介入が必要である）。また，家庭の経済状況や交友関係などもプライベートな情報である。これらのことについて教員が独断で深く追及したり指導しようとすることは，かえって家庭との連携を困難にすることがあるので避けたほうがよい。担任教師が1人で介入するのではなく，学年主任や生徒指導主事，養護教諭やスクールカウンセラーなどと相談・連携しながら，必要に応じて役割分担をして，複数の視点をもったうえで家庭との連携を図っていくほうが有効である。

3節　警察・家庭裁判所

1. 警察・家庭裁判所との連携

　児童・生徒に非行行為等があり，逮捕・補導あるいは保護された場合，または犯罪被害を受けた場合には警察と連携する必要がある。普通，非行事件を扱うのは警察署の生活安全課や少年課である。たとえば，家出した児童・生徒が保護されている交番に教員が出向いて身柄を引き受けることもある。

　また，全国の警察には少年サポートセンターが設けられており，教員と共同で街頭補導活動を行ったり，電話等での相談活動を行ったりしている。街頭補導の際には，不良行為少年（非行少年には該当しないものの，飲酒，喫煙その他の自己または他人の徳性を害する行為をしている少年）に対して声をかけたり，相談に乗ったりと，少年たちが罪を犯したり犯罪に巻き込まれたりすることのないよう予防的な働きかけが行われる。

家庭裁判所は非行少年への処遇を決定するために審判を行う。家庭裁判所の調査官は，少年の犯罪や非行行為そのものについての調査だけではなく，家庭背景や生育歴，学校環境などについて包括的な調査を行って審判資料を作成する。その際に学校と連携して，少年の学校生活や学習成績等についても調査を行い，処遇方針に反映させることがある。

2. 非行少年への処遇

　非行問題をめぐって警察や家庭裁判所と連携するうえで，非行少年への処遇の流れを把握しておくことが欠かせない。非行少年に対する処遇の流れは，非行少年の3分類（第3章参照）ごとに異なっている（図4-1）。原則として，犯罪少年や18歳以上の虞犯少年は家庭裁判所で審判を受ける（14歳以上18歳未満の虞犯少年は，事案の内容等により，家庭裁判所送致または児童相談書通告となる）。触法少年や14歳未満の虞犯少年は警察から児童相談所へ通告され，非行相談として受理されることになる。しかし殺人などの重大な事件の場合，14歳以上の場合は家庭裁判所から検察に逆送されて成人と同様の刑事裁判が行われ，14歳未満の場合は児童相談所から家庭裁判所に送致されて審判が行われることになる。また，家庭裁判所が少年の観護措置を決定した場合，少年の身柄は少年鑑別所に移され，審判に必要な資料を作成するために行動観察や面接，心理検査が行われることになる。

　その後，家庭裁判所の審判により少年の処遇が決定される。保護処分の場合，少年院送致や在宅での保護観察，または児童自立支援施設や児童養護施設への措置が行われたり，裁判官や家庭裁判所調査官による訓戒などの教育的働きかけが行われた結果，少年本人が深く反省しており，再犯の可能性が低いと考えられる場合には，処分を行わない不処分や審判が行われない審判不開始の場合もある。

　また，2007年の少年院法改正により，これまで14歳以上とされていた少年院収容年齢下限が「おおむね12歳」へと引き下げられた。これにより，家庭裁判所が特に必要と認める場合には小学生でも少年院に収容される可能

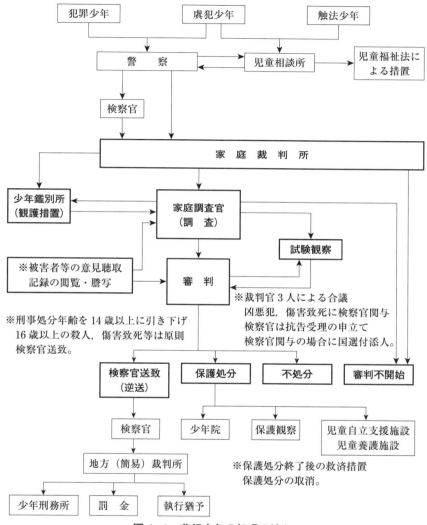

図4-1　非行少年の処遇の流れ

注：※は2000年の少年法改正で変わったところ。

出所：村松　2002『暴力をふるう子　そのメッセージの理解と指導技法』学事出版。

性が出てきた。

　一方，児童相談所に通告された触法少年や虞犯少年の処遇は，児童福祉法上の手続きに従って児童相談所で決定される。家庭の保護機能や教育機能が不足していると判断された場合，児童自立支援施設や児童養護施設を利用することもある。

3. 警察による介入と社会復帰

　1970年代には校内暴力がピークとなり，学校の荒れが社会問題化した。その後，校内暴力は沈静化したものの，1990年代に入り再び校内暴力が脚光を浴びるようになった。しかし以前の校内暴力との違いは，以前は徒党を組んでの対教師暴力が中心であったのに対し，現在の校内暴力は児童・生徒が単独で行い，しかも普段おとなしく問題行動の見られない生徒が突然「キレる」かたちで起こるという特徴があることである。

　このような少年犯罪の増加・凶悪化を問題視して，学校内で生じる問題についても積極的に警察の介入を求める声が高まってきている。特に，対教師暴力が生じた場合にはすぐに警察が介入し，加害児童・生徒を逮捕・補導することも珍しくなくなった。もはや教員だけでは学校内の秩序を維持することができなくなってきており，外部からの介入が必要なケースが増えてきているのである。被害者を守り，また加害児童・生徒自身の将来を守るためにも警察力の利用が必要な場合もある。

　しかし，犯罪少年たちも近い将来には学校や地域にもどるのであり，復帰後に社会適応できないと再び罪を犯してしまう可能性がある。世間から隔離された施設に犯罪少年を押し込んでおけば問題が解決するわけではない。犯罪者や犯罪少年に対する世間の偏見や恐怖心は強く，社会復帰にはさまざまな課題が山積しているため，地域の理解や支援は欠かせない。地域では保護司が犯罪少年らを見守り社会復帰を応援する役目を担うが，学校にも，犯罪少年の復帰を前提とした取り組みが求められる。復帰時にも学校と家庭裁判所や保護観察所，保護司などとの連携が必要になる。

また，校内に加害者と被害者が同時に存在する場合，相互が安心して生活できる環境を用意することは難しいことも多いが，双方がハンディキャップを負うことのないよう配慮する必要がある。これは，いじめ問題への取り組みにも共通するポイントであるが，配慮が十分でない場合，一方が不登校になってしまうなどの二次的な問題が生じる可能性があるため注意が必要である。

4節　児童相談所

1. 児童相談所の機能

　児童相談所は，各都道府県および政令指定都市や中核都市に設けられた公的相談機関である。0歳から18歳までの子どもに関するあらゆる相談を受け付けており，相談種別は養護相談・障害相談・育成相談・非行相談などに分類される。

　養護相談とは，何らかの理由により保護者が子どもを養育できなくなったり，問題を抱えた場合等に関する相談である。児童虐待に関する相談もここに含まれる。

　障害相談とは，子どもの障害に関する相談である。肢体不自由，視聴覚障害，知的障害，自閉症など，身体的発達や精神発達の遅れや発達障害に関する相談が含まれる。

　育成相談とは，子どもの性格や問題行動に関する相談である。緘黙や家庭内暴力などの行動上の問題に関する相談が含まれる。

　非行相談とは，子どもが非行（触法行為・虞犯行為）を行った場合に警察からの通告により相談が開始されたり，保護者等からの相談を受理して開始される。

　学校と児童相談所が連携する場面は，障害をもつ児童・生徒への指導法についてコンサルティングを求めたり，非行少年への対応や指導法を考えたりする際など，さまざまな局面で予想されるが，ここでは特に児童虐待をめぐ

る連携について取り上げて，以下に述べていこう。

2. 児童虐待への対応

　児童虐待とはどのような現象をさすのだろうか。児童虐待とは，現在の日本の法律（児童虐待の防止等に関する法律）において，以下の4つに分類されている。

　一　児童の身体に外傷が生じ，又は生じるおそれのある暴行を加えること。

　二　児童にわいせつな行為をすること又は児童をしてわいせつな行為をさせること。

　三　児童の心身の正常な発達を妨げるような著しい減食又は長時間の放置，保護者以外の同居人による前二号又は次号に掲げる行為と同様の行為の放置その他の保護者としての監護を著しく怠ること。

　四　児童に対する著しい暴言又は著しく拒絶的な対応，児童が同居する家庭における配偶者に対する暴力（配偶者〔婚姻の届出をしていないが，事実上婚姻関係と同様の事情にある者を含む。〕の身体に対する不法な攻撃であって生命又は身体に危害を及ぼすもの及びこれに準ずる心身に有害な影響を及ぼす言動をいう。）その他の児童に著しい心理的外傷を与える言動を行うこと。

　上記はそれぞれ順に①身体的虐待，②性的虐待，③ネグレクト，④心理的虐待の4つに該当する。

　身体的虐待とは，身体的な暴行であり，殴る，蹴る，首を絞める，熱湯をかける，おぼれさせる，異物を飲ませる，冬に戸外に閉め出す，縄で拘束する，などの行為である。子どもの身体に内出血などの外傷が残っていると発見されやすい。

　性的虐待とは，子どもと性交する，性的行為を強要する，子どもをポルノグラフィーの被写体とする，などの行為である。性的虐待を受けながらもそのことを誰にも相談できず1人で抱える被害児も多く，発見が遅れやすい。子どもの心理面へのダメージも大きい深刻な虐待である。

　ネグレクトとは，子どもに食事を与えない，極端に不潔な状態で生活させ

る，子どもの意思に反して学校に登校させない，子どもの病気の治療に必要な病院に連れて行かない，などの行為である。ネグレクトは，子どもの生命の危険に即座に直結するものであることは比較的少ないが，子どもの生活環境のあらゆる面に影響が及んでいるため，身体面や心理面などの各領域の発達が阻害されるおそれもある。

　心理的虐待とは，脅しや無視，拒否的な態度をとる，他のきょうだいと差別する，子どもの心を傷つけることを繰り返しいう，または子どもの前で父母間の暴力（ドメスティック・バイオレンス）が行われる，などの行為である。心理的虐待は，言葉による子どもへの虐待であるため，虐待の証拠が残りにくく，他の虐待と比べて発見が難しい。しかし，心理的虐待を受け続けて自尊心が低下した子どもは，非行等の問題行動に走りやすく，二次的な問題を生む可能性が高い。

　教員をはじめ，子どもに関わる職に就くあらゆる人々は，子どもが虐待を受けていると疑われた場合には，児童相談所か保健事務所に通告する義務がある（児童虐待の防止等に関する法律第6条）。ここで注意が必要なのは，虐待を受けている「確証」はなくとも「疑い」があれば通告する義務があることである。しかし，このことを公立小学校・中学校教員の3割以上が知らなかったという（文部科学省，2006）。また，学校が虐待の疑いを把握しながらも児童相談所に通告しなかった事例もあり，通告しなかった理由は「虐待の判断に自信がなかった」からだという。しかし，虐待かどうかを判断するのは専門機関である児童相談所であり，学校が独断で判断すべきではない。通告をためらわずに早期介入することが子どもや家族全体を救うことになる。

　児童虐待と類似する概念として「子どもへのマル・トリートメント」がある。これは，児童虐待も含め，子どもに対する不適切な関わりすべてをさす。児童虐待かどうかで判断に迷う際にも，それが子どもに対する不適切な関わりとなっていないかどうか，という判断であれば比較的迷わないですむと思われる。マル・トリートメントかどうか，という視点から，児童相談所との連携・相談を開始するのもよいだろう。

表4-2 児童虐待のサインの例

```
□ 表情が乏しい
□ おどおどしている
□ 極端に朝早く登校する
□ 夜，家に帰ろうとしない
□ 体に傷やアザが絶えない
□ 入浴している様子がない
□ 衣服が汚れていたり，臭う
□ 給食をむさぼるように食べる
□ 他の児童・生徒に対して乱暴する
□ 年齢にそぐわない性的な言動がある
□ 虫や小動物を殺したり，いじめたりする
□ 教員や外部の人間との接触を保護者が拒む
```

　また，学校教員が児童虐待を発見するためには，表4-2のようなサインに気をつけておく必要がある。

　児童虐待は，子どもの身体や心理に大きな被害を与えるだけではなく，その後の人生においても非行問題（第3章参照）やPTSD（第8章，第12章参照）など，深刻な問題を引き起こす。虐待を早期に発見し，これらの二次的問題の発生を未然に防ぐことが，子どもと直接関わる教員にできる危機介入である。

5節　精神保健福祉センター・病院・クリニック

1．精神保健福祉センター・病院・クリニックとの連携

　児童・生徒が何らかの病気や障害を抱えている場合，精神保健福祉センターや病院・クリニックと学校が連携する必要が出てくることがある。病気や障害を抱える児童・生徒を学校で指導する際に何らかの配慮を必要とする場合，専門家である医師の意見を聞く必要がある。これは身体疾患と精神疾患いずれの場合も同様である。

　昨今は重いアレルギーや喘息の症状をもつ児童・生徒が増加し，体育科の授業や給食指導などにおいても配慮が求められるようになってきている。そ

の際に，教員自身が体験してきた「これまでの常識」や「病気についての一般的知識」では十分な対応ができないことも多いため，これらの身体疾患への対応については専門家のコンサルテーションが必要となる。保護者との情報交換を密にし，養護教諭や栄養教諭も交えて児童・生徒の健康に配慮した環境づくりを行っていくことが求められる。

　また，児童・生徒が精神疾患を抱えている場合，精神保健福祉センターや精神科病院・クリニックとの連携が必要になることがある。精神保健福祉センターは各都道府県に設けられた公的機関で，精神疾患に関する相談や研修を行っている。何らかの精神疾患を抱えた児童・生徒が，精神保健福祉センターで相談・治療を行っていることもある。

　精神疾患は目に見える病気ではないため，その発見や対応に苦慮することも多い。たとえば，子どものうつ病では大人よりも身体症状や行動の問題が出現しやすいことが知られている（傳田，2004）。しかし身体症状に注目するあまり，その背景にある「うつ病」が見落とされてしまうことも多い。また，精神疾患に対する偏見はまだまだ根強く，教員自身も精神疾患に関する正しい知識をもっていないこともある。そのため，精神疾患を抱えた児童・生徒に対する適切な関わり方について意見を求めるために，教員が児童・生徒の主治医に相談することが必要になることもある。ただし，その際には前もって保護者や児童・生徒本人の了承を得たうえで主治医と連絡をとる必要がある。医療機関は守秘義務があるため，いくら児童・生徒の担任教師が求めたとしても，原則として患者や家族の了承がなければ情報提供をしない。また，なかには精神疾患のことを学校側に知られたくないと考えている児童・生徒や家族もいるので，配慮が必要である。

　また，精神保健福祉センターが開催する研修に教員が参加することで，精神疾患についての最新知識を得ることができる。こうした地域の研修会を積極的に利用することが，児童・生徒の心理を理解するうえで役立つ。

2. 病院受診を勧める

　教員が児童・生徒の身体疾患や精神疾患の存在に気づき，病院の受診を勧める必要がある場合がある。通常は，学校保健の専門家である養護教諭や，精神疾患等についての専門知識をもつスクールカウンセラーとの連携のもと，地域にある専門医や学校医を紹介することになる。しかし，先に述べたように精神疾患や精神科病院に対する偏見は根強く，精神科病院や精神科クリニックを紹介されることに対する児童・生徒本人や家族の抵抗・反発は強いことが予想される。児童・生徒本人や家族の問題意識が低く，受診の必要性を

紹　介　状

○年○月○日

○○病院　　○○○○先生

　生徒氏名（○○立○○学校○年生）につきまして，ご診察いただけますようお願い致します。
　本生徒は，このたび，「常に空白。話をしたいのだが，頭の中が真っ白に。わからないことがわかるようになりたい」ということで，○年○月○日より学校のカウンセリングを受けに来ております。現在，学校生活においては，遅刻・欠席もなく登校している状態です。
　気になる状態は以下のようなものです。

1) 気づいたら学校に来ている。自分が向かおうとしていた場所とはまったく異なる，気づくとこんな場所にいた，ということがある。
2) いつも頭がぼーっとしている。いらいらしている。頭痛薬を飲んでも治らなくて，ずっといらいらしている。

付記と致しまして，これまでに○○病院に来歴があります。
どうぞよろしくお願い致します。

○○学校　校長○○○　　署　名　㊞

図4-2　紹介状の例

出所：花田里欧子　2003「紹介状の書き方」若島孔文編『学校臨床ヒント集』金剛出版，をもとに一部改変。

感じていない場合には受診を無理強いせず，タイミングを見て病院についての情報提供をするなどの工夫が必要である。また，精神科病院ではなく精神保健福祉センターを紹介するほうが適切な場合もある。精神疾患の治療というよりも，こころの悩みを相談する目的で，という導入を行いつつ，公的機関である精神保健福祉センターや保健所の利用を勧められるほうが，精神科病院受診を勧められるよりも児童・生徒や家族の抵抗感が少ない。

　ときには，学校から医療機関への紹介状を書くことが必要になる（図4-2）。学校での生活の様子や児童・生徒本人の訴えをもとに情報提供するが，病院受診の必要性が感じられた理由も簡潔に述べる必要がある。可能であれば，文書での紹介のほかに，学校側から医療機関へ電話による情報提供が同時に行われることが望ましい。また，紹介状は保護者や児童・生徒自身も目を通す可能性があるため，本人や家庭に関する不利な情報は書くべきではない。さらに，紹介状は学校から外部機関に向けて発行される文書であるため，校長の認可を受けたうえで校長名で作成する必要がある。教員やスクールカウンセラーが独断で作成するものではないことに注意する。

●参考文献

　傳田健三　2004『子どものうつ　心の叫び』講談社

　花田里欧子　2003「病院との連携」「紹介状の書き方」若島孔文編『学校臨床ヒント集』金剛出版

　久保順也　2003「外部機関との連携」若島孔文編『学校臨床ヒント集』金剛出版

　文部科学省　2006「学校等における児童虐待防止に向けた取り組みについて」報告書

　村松励編著　2002『暴力をふるう子　そのメッセージの理解と指導技法』学事出版

　山下英三郎　2003『スクールソーシャルワーク』学苑社

第5章

教育とスクールカウンセリング

　本章では，教育とカウンセリングの基本的関係と，学校で実践されているスクールカウンセリングを理解するために，わが国の教育現場にスクールカウンセリング事業が導入された経緯と，学校現場における相談システムの概要について説明する。さらに教員とカウンセラーの特徴を比較して，スクールカウンセリングにおける教員とスクールカウンセラーの連携のあり方について述べる。

1節　わが国におけるスクールカウンセリングの歴史

1．児童福祉と教育相談の流れ

　わが国では1948年に児童福祉法が施行され，全国の都道府県に児童相談所が設置された。児童相談所は精神保健や福祉の立場から児童問題の全般に関わる公的な専門機関である。具体的には，医学や心理学，教育学や社会福祉の観点から，医学的診断や心理判定（心理査定，あるいはアセスメント）を行うとともに，心理相談やケースワーク，児童の身柄の保護（一時保護）などの各種の支援を行っている。それ以前にも，心理学的手法を取り入れた先駆的な教育相談活動が一部の地域で見られたが，全国の児童相談所に臨床心理の専門職員（心理判定員）が配置されたことが，わが国に心理臨床的アプローチが本格的に導入された契機になったと考えられる。

　児童相談所では，原則として18歳未満の児童や保護者，関係者に対して，発達に関する相談をはじめとして，子どもの養育問題や虐待，いじめ，非行，不登校などの幅広い相談に対応している。近年は虐待が深刻な問題として浮

かび上がっているように，時代に応じて子どもたちを取り巻く問題は多様化し，変遷してきたが，児童相談所は子どもの福祉や心理に関する専門相談機関として中心的役割を担ってきたといえよう。

　他方，学校現場では生徒指導の一環として，教員による教育相談が行われてきた。地方自治体の教育委員会が所管する教育相談所や教育相談室などでも，いじめや不登校に関する教育相談が行われている。かつての文部省が編集した「生徒指導の手びき」（1965年版）に示されている教育相談の項目では，生徒理解における知能検査や性格検査などの心理検査の活用や，心理面接や遊戯療法などの心理技法を参照することが推奨されている。その反面，専門家ではない限界を教員が自戒して，慎重に対処するよう要請されており，学校現場における本格的な心理臨床的アプローチの実践は困難であったことがわかる。

　教育相談にカウンセリング的アプローチが導入された1つの契機として，1971年に「中学校におけるカウンセリングの考え方」というタイトルの生徒指導資料集（第7集）を文部省が発行したことがあげられる（門田，1996）。そのなかで生徒指導の対応方法の1つとしてカウンセリング的手法が紹介され，いわゆる「カウンセリングマインド」を重視する流れが定着し，普及していった。ただし，児童生徒を教え導くという教員の生徒指導の一環として行われることが教育相談の基本的特徴であり，心理の専門家が行うカウンセリングとは性格を異にする面があったと考えられる。

2. スクールカウンセラーの誕生

　1970年代以降，不登校の増加やいじめなどの問題が深刻の度を増したため，当時の文部省では教育相談の充実を図りながら，対応方法を模索していた。当時の状況を理解するため，文部科学省の統計データをもとにして，1970年以降，スクールカウンセラーの配置が始まった1995年までの中学校の不登校生徒数の全生徒数に対する割合の変化を図5-1に示した。

　こうした深刻な状況に対して教員による教育相談だけでは限界があったた

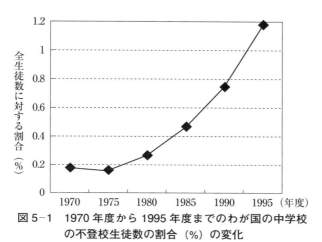

図5-1 1970年度から1995年度までのわが国の中学校の不登校生徒数の割合（%）の変化

注：年間50日以上の欠席で集計。
出所：文部科学省調査統計より作成。

め，心理の専門家による本格的なカウンセリングの導入の必要性が議論された。しかし，1970～80年代において，カウンセリング技術をもつ心理の専門家は，医療や福祉・司法の領域などに属する少数の人たちに限定されていた。そのため，当時の文部省が心理の専門家をカウンセラーとして学校現場に配置したいと考えても，それに従事できる人材や，人材を供給できる心理職能団体が存在せず，スクールカウンセリング構想の実現は困難だった（村山，2000）。

　やがて，心理臨床の専門家や研究者を中心に日本心理臨床学会が1982年に発足した。さらに，1990年には文部省所管の日本臨床心理士資格認定協会が発足して，心理臨床の専門資格である「臨床心理士」の認定事業が開始された。それと連動して大学院における臨床心理学の専門課程の整備・充実が図られた。こうした学会・心理職能団体や心理資格者の誕生，さらに専門家養成を可能とする高度な教育体制の整備といった社会資源を背景に，臨床心理士などの専門家をスクールカウンセラーとして任用することを基本条件として，文部省はスクールカウンセラー活用調査研究委託事業を1995年か

らスタートさせた。

3. スクールカウンセリング事業の展開

　スクールカウンセラー活用事業は，わが国の教育において前例のないものであったため，最初の 6 年間（1995〜2000 年）は研究事業と位置づけられた。事業の経過を検討した中央教育審議会は次のように答申して，この事業の成果を高く評価した。「（スクールカウンセラーは）子どもたちや教員あるいは保護者に適切な助言を行ったり，保護者と教員との間の仲立ちを行うことなどを通じて，重要な役割を果たしてきている。子どもたちや保護者から見ると，教員や友人に知られたくない問題でも，スクールカウンセラーなら心を許して相談することができるという場合も少なくない。また教員は，スクールカウンセラーから指導法に関する専門的な助言を得たり，カウンセリングマインドの大切さを学んでおり，その存在は，とかく閉鎖的とも言われる学校の教職員組織の中に新しい息吹を吹き込んでいる」（中央教育審議会，1998）。

　ここに述べられた内容から，スクールカウンセラーに期待される役割や機能を理解することができる。児童生徒を指導・評価する立場の教員がカウンセラー役を兼ねることには難しい面もあったと考えられ，教員とスクールカウンセラーの役割分担の必要性が明確になったといえよう。さらに，1999 年度と 2001 年度の統計比較では，全国の不登校児童生徒数の増加率が 6%以上であったのに対して，スクールカウンセラーの配置校は 2%以下に抑えられた（村山，2002）。こうした実績を踏まえて，スクールカウンセラー活用事業は 2001 年から国の補助事業と位置づけられて本格的な拡大が図られた。最初は生徒指導や教育相談上の問題が多発していた中学校を中心にスクールカウンセラーの配置が進められたが，その後，小学校や高等学校などへ配置が拡大した。しかし，現状でもスクールカウンセラーが各学校に勤務するのは週に数日程度であり，相談体制の充実に向けた課題がなお残っていると考えられる。

　学校にスクールカウンセラーがいるということは，子ども時代から心理臨

床の専門家が身近にいる生活環境が実現したということであり，心の相談の環境が大きく変化したことを意味する。スクールカウンセラーの登場によって，わが国にも本格的なカウンセリング文化が誕生したといえるかもしれない。なお，2015年には心理臨床の国家資格である公認心理師法が成立して，わが国における心理支援の基盤整備が図られている。

2節　学校におけるスクールカウンセリングの取り組み

1. スクールカウンセリングと学校適応支援

　スクールカウンセラーが学校に配置されたことによって，教員はスクールカウンセラーと協働しながら日々の教育活動に取り組んでいる。生活環境への適応という観点から見ると，児童生徒が学校生活に適応して元気に学校生活を送るためには，心身面の安全と安心が保障されること，学習や生活面の自信や安定が得られること，さらに学校生活が楽しいと感じられる手応えや励みが感じられることなどが重要な要素と考えられる（図5-2）。学校の教職員は，児童生徒の心身面の安全を図り，学習や生活面で児童生徒に「わかる，やれる」という自信を感じてもらえる指導をしながら，楽しい学校生活を送ることができるように日々取り組むことが求められている。スクールカウンセラーは心の支援を通してそうした取り組みに寄与することになる。

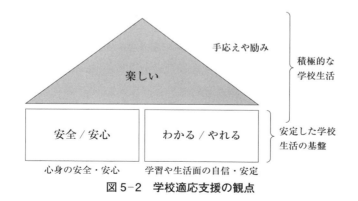

図 5-2　学校適応支援の観点

2011年に発生した東日本大震災では，被災地の児童生徒やその家族，学校や教職員は大きな被害を被った。その後も全国各地で様々な災害が発生している。そうした災害時や事件・事故などに際しても，スクールカウンセラーは緊急支援の一環として児童生徒や教職員の心の支援（心のケア）に取り組む。教育委員会や学校では緊急事態を想定した対応マニュアルを整えているので，スクールカウンセラーはそれに即して教職員と連携・協働して危機に対処することになる。

　学校では児童生徒の心身を守るための各種の防災・心理教育が行われている。スクールカウンセラーも，児童生徒や保護者，教職員に対して，ストレス対処の方法（ストレスマネジメント）を教えたり，長期的な心の支援の観点から心理教育的支援を行ったりすることがある。災害後の長期的な心の支援においては，生活環境の変化などから生じる問題や適応困難の軽減や予防を行うために，心理的基盤となる自己肯定感や自己効力感を回復・維持・向上させる支援が求められる（佐藤，2013）。そのために普段の学習や生活面における学校生活全体を見通した適応支援を基盤とする総合的な取り組みを行う必要があるので，教職員との連携・協働が不可欠である。

2. スクールカウンセリングの校内組織

　学校ではスクールカウンセリングのための校内組織を整備している。その一般的な例を図5-3に示す。

　校内組織における生徒指導部に所属する教育相談担当の教員が校内のスクールカウンセリング事業を担当して，スクールカウンセラーとの連絡役や相談窓口になる形が一般的である。しかし，学校全体を視野に入れた活動や，外部の相談機関や病院などとの連絡・調整役をスクールカウンセラーが果たすためには，管理職である校長や教頭との関係を密にする必要性も考えられる。そのため，スクールカウンセラーが校長や教頭の指揮下に入るなどのケースもあり，個々の学校の方針や実情に応じて校内組織が工夫され，運営されている。

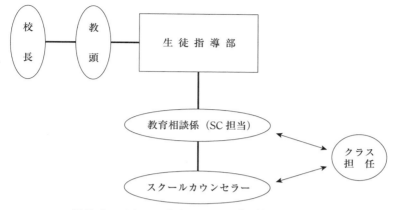

図5-3　スクールカウンセリングの校内組織の例

3. スクールカウンセリングの相談システム

　校内組織に従って，教育相談の担当教員が相談の申し込みや予約の窓口となる場合がある。それ以外に，学級担任の教員が相談窓口になってスクールカウンセラーにつなげる場合や，スクールカウンセラーが直接相談を受け付ける場合もあり，学校によって相談システムが工夫されている。

　相談のしやすさを考えれば，相談依頼者（クライアント）とスクールカウンセラーとの距離は近いほうがよいと考えられるが，スクールカウンセリングは教育活動の一環として，学校全体（チーム）で取り組む事業であり，その責任者は校長である。そのため，スクールカウンセラーが相談を"独占"することはできず，またそのような活動は実際的でもない。スクールカウンセラーが直接相談を受け付ける場合でも，定期的なケース検討会（ケース・カンファレンス）を開催するなどの工夫をして，他の教職員との連携・協働体制を整えておくことが必要である。それがスクールカウンセリングにおける相談環境の安全性を高めることにもつながる。

　一般的なカウンセリングにおいては，カウンセラーが相談内容に関する守秘義務（相談の秘密を守る義務）を負う。しかしスクールカウンセリングでは，スクールカウンセラーと教職員が連携・協働して相談活動に取り組むことに

なるから，相談の秘密の扱いについては慎重な配慮が必要である。

　学校管理者の校長や教員が特に注意を払うのは，児童生徒の心身の安全である。スクールカウンセラーはその点を考慮しながら相談情報を教員側と共有すべきであり，相談で知り得た情報をすべて提供する必要はない。スクールカウンセラーが教員側と共有すべきと考える情報内容については，あらかじめクライアント（この場合は児童生徒や保護者）に説明して了承を得ておく必要がある。そうした慎重な配慮によって，クライアントの相談の秘密を守るというカウンセリングの原則に従いながら，学校における連携チームの一員として活動することが可能となる。そのため，相談情報の扱い等の方法についてはあらかじめ教員側と共通理解を図っておくことが必要である。

　スクールカウンセリングでは，教育の専門家である教員に対して，心理臨床の専門家であるスクールカウンセラーがコンサルテーションを行うことがある。コンサルテーション（consultation）という言葉は，もともと「相談」や「協議」という意味をもつが，心理臨床で用いられる場合はクライアントの支援に関わっている関係者に対する専門的な助言や相談などの支援活動をさす。地域精神保健活動に根差すこの概念は，協働する専門家同士の関係として捉えられており（Caplan, 1964），教員とスクールカウンセラーが協働して実施するスクールカウンセリングでも重要な取り組みとなる。スクールカウンセラーは指導者として教員の上位に立つのではなく，対等な関係に立って助言や相談を行い，教員を支援することが原則である。また，コンサルテーションを行う場合，教員自身のプライベートな問題や人格的な問題には立ち入らない（光岡, 2000）。しかし，教員が自身の問題と児童生徒や保護者などの問題を混同していたり，実際に関わりがあったりする場合もあるから，スクールカウンセラーが全体的な問題状況を把握し，整理しながら適切に対応する必要がある。

4. スクールカウンセリングと別室支援

　所属学級で過ごすことが難しい児童生徒を保健室や別室（所属学級外教室）で

受け入れることがある。学校内に安心できる居場所を提供することは，児童生徒と学校とのつながりを維持し，学校生活における適応支援の有効な方法となる。保健室業務を担当する養護教員や別室支援を担当する教員や支援スタッフとスクールカウンセラーが連携して，児童生徒の心理状態を把握しながら，状況の改善に向けた取り組みをしていくことになる。そのためには，保健室登校や別室支援に対する本人・保護者，および教職員の理解と協力が必要である。養護教員は身体的ケアを通して児童生徒の心理面に触れる機会が多い。何となく体調が優れないと訴えて保健室を訪れる生徒が心理的な問題を抱えていることがよくあるので，保健室はスクールカウンセリングにとって重要な連携の場となる。

　保健室に限らず，児童生徒が別室登校の形で所属学級以外の場所で過ごす場合には，単に物理的空間を提供するだけでは不十分であり，次節で述べるカウンセリング的アプローチを理解した支援スタッフが一緒にいることが，支援のための重要な条件となる。学校のなかにそうした心理的な緩衝地帯としての居場所を整備することは，児童生徒の学校適応を促進するうえで有効と考えられる。

3節　スクールカウンセリングにおける2つの専門性とアプローチ

1. 教員とカウンセラーの専門性

　教員とスクールカウンセラーは同じ学校現場で協働しながら，児童生徒の成長のための支援を行うが，両者の専門性には異なる特徴がある。学校全体の取り組みであるスクールカウンセリングを理解するためには，両者の専門性とアプローチの特徴を理解しておくことが必要である。ここでは原理・知識背景・目的・働きかけの対象単位・方法・規範の扱いの6つの観点から，両者の特徴について整理する（佐藤，2004）。

1）原理

　教員の専門性の基本を「教え導く」ことと考えると，カウンセラーの専門

性の基本は「寄り添う」ということになるだろう。河合（1976, 1992）が文化論的視点から論じた父性原理と母性原理の対比を参照すると，教員の専門性は，指導した結果や成果を評価・選抜して，好ましいと思う方向へ導くという父性的特徴が強い。他方，カウンセラーの専門性は，評価・選抜せずに，個々人の違いや試行錯誤の迷いのプロセスを受け入れて，寄り添いながら見守るという母性的特徴が強いと考えられる。両者のアプローチには父性的・母性的特徴の両方が必要であり，単純に割り切れない面があるが，ここであげた原理的特徴が両者の基本的役割や機能を方向づけていると考えられる。

2) 知識背景

　教員の専門性を支える知識の基盤は，教育学や教科教育に関する各専門分野である。カウンセラーの専門性を支える知識の基盤は，臨床心理学を中心とする心理学分野である。ともに働きかけの対象を人間とする実践的・応用的な知識体系である。両者の知識内容は部分的に重なり，教育心理学や発達心理学などが共通領域に位置する。教員の専門性には大学教育における教員養成課程の内容が反映しており（鵜養，2001），カウンセラーの専門性には大学や大学院教育における臨床心理学の専門課程，あるいは公認心理師や臨床心理士の養成課程などの内容が反映している。

3) 目的

　教員の取り組みの主要な目的は，児童生徒・学生らの社会的自立に向けた成長支援であり，生産的・建設的な生活目標の実現が重視される。カウンセラーの取り組みの主要な目的は，クライアントの心的不調や適応困難状態の回復であり，日常生活を送る際の心的安定や適応の実現が重視される。

　両者は，働きかけの対象である児童生徒やクライアントの心的成長を支援するという共通性をもつが，カウンセラーの専門性を支える臨床心理学は心理治療に根差す歴史的背景をもっており，治療の観点がより強調される。障害児教育における治療教育的アプローチに見られるように，教育領域においても治療的観点が導入される場合があるが，目的は障害の回復的治療ではなく，社会生活能力の獲得などの教育的支援に重点が置かれる。

4) 働きかけの対象単位

　教員の働きかけの対象単位は児童生徒や学生という個人および集団であるが，学校教育では1人の教員が多数の児童生徒や学生を指導する集団指導の形態が多くなる。それに対して，カウンセリングはクライアントとカウンセラーの1対1の関係が基本であり，カウンセラーの働きかけの対象単位は個人である（河合，1999）。心理療法の種類によっては，家族などの集団が働きかけの対象となることがあるが，その場合でも，集団がもつ影響関係（力動）に留意しながら，カウンセラーの関心は個々人の内面と行動に向けられる。

5) 方法

　両者の原理・知識背景・目的・対象単位の特徴は，働きかけの具体的な方法の違いに反映される。教員は指導的・管理的方法を主として用い，カウンセラーは受容的・共感的・支持的方法を主として用いる。前者は，進むべき目標を提示し，そこに到達するための知識や方法を教えながら，教員が導いていく方法である。後者は，進むべき目標を本人自身が探索すること（悩みながら考えること）を保障し，その過程を見守り，心理的に支援していく方法である。

6) 規範の扱い

　教育において社会的規範の遵守は重要な目標の1つであり，教員は公共的視点を重視する立場をとる。それに対して，カウンセラーは個人的事情を重視する特徴をもち，非行などの社会的規範を逸脱する行為があった場合でも，個人的事情に対して共感的に理解しようとする（逸脱行為を容認するわけではない）。カウンセラーは，一般的な規範的評価を保留して，クライアントの個人的事情を考慮しながら，心の内面に関わろうとするからである。

　以上の特徴を整理すると表5-1の通りになる。学校組織の構成員をそれらの特徴によって区分すれば，教員的特徴をもつのは一般教員と学校管理者（校長・教頭）であり，カウンセラー的特徴をもつのはスクールカウンセラーと養護教員（保健室担当教員）ということになる。

表5-1　教員とカウンセラーの基本的特徴の比較

	教　　員	カウンセラー
原　　理	父性的	母性的
知識背景	教育学・専門教科分野	臨床心理学
目　　的	成長・自立	回復・適応・安定
対　　象	集団＋個人	個人
方　　法	指導的・管理的 目標の提示	受容的・共感的・支持的 目標の探索支援
規範の扱い	公共性・社会的規範の重視	個別性・個人的事情の重視

2．2つの専門性と文化

　久冨（2003）によれば，教員文化とは近代の学校に雇用された多数の教員たちが，教員社会のなかで形成・継承し，再編してきた独自の行動様式や行動原理であり，実践上の諸規則を形成する共有知識を要素としている。同様に，カウンセラーたちも心理臨床の専門家集団として共有する行動原理や諸規則，知識的基盤を背景とした文化，すなわちカウンセラー文化をもつと考えられる。表5-1に示した教員とカウンセラーの特徴は，両専門家集団の文化的特徴を反映しており，両者間には異質な2つの文化を背景とする異文化交流的事態が発生することがある（前田，1998；佐藤，2004）。

　心理臨床の領域は広く，スクールカウンセラーが担当する学校臨床はその一領域である。そのため，カウンセラー集団とスクールカウンセラー集団の文化的特徴は，基本的に重なっているが，同一であるとはいい切れない。教員文化との相互作用の過程を経て，独自の特徴をもつスクールカウンセラー文化が形成される可能性がある（佐藤，2004）。また，児童生徒の身体的ケアを担当する養護教員の治療的・保護的特徴はカウンセラーの特徴に親和性をもち，教員とカウンセラーの中間に位置すると考えることができる。さらにスクールソーシャルワーカーも，生徒指導や教育相談において教員やスクールカウンセラーと協力・協働する専門スタッフの一員である。こうした事柄も，スクールカウンセラー文化の周縁に関連する要素である。

3. 指導的アプローチとカウンセリング的アプローチ

　スクールカウンセリングの取り組みにおいて，教員とスクールカウンセラーが効果的に協働するためには，本節で述べた両者の特徴を対立要因とせずに，相互補完的な要素として活かす必要がある。

　教員が専門とするのは，指導的・管理的対応によって教え導く指導的アプローチである。スクールカウンセラーが専門とするのは，受容・共感・支持的対応によって寄り添い，心理的に支援するカウンセリング的アプローチである。それらのアプローチは，支援する相手の心的状態に応じて使い分ける必要がある。そうしないと適切な効果が得られないばかりか，相手を心理的に追い詰めたり傷つけたりする場合があるので注意が必要である。

　両アプローチを使い分けるための判断基準となるのは，支援対象者の心的状態である。ここではわかりやすく，それを心理的に余裕がある状態と，余裕を失っている状態と想定しておこう。私たちは，それらの2つの心の状態の間を揺れ動きながら毎日生活している。心理的に余裕がある状態とは，普段の安定した心理状態であり，冷静に問題に対処することができ，他者からの働きかけや介入に対しても，拒否を含めて柔軟に対処できる状態をさす。その状態であれば，他者からの指導や助言も有用な資源として受け止めて，活用することが可能である。それに対して，心理的に余裕がない状態とは，精神的に追い込まれて不安定になった状態である。この状態のときには，独力で問題に対処することが難しくなり，他者からの指導や助言，励ましなどがあっても，それを受け止めて活用するだけの余力がないので，かえって負担となり，混乱したり，精神状態が悪化したりするおそれがある。

　指導的アプローチは働きかける相手に心理的余裕がある場合には有効であるが，心理的に余裕がなくなった場合にはカウンセリング的アプローチに切り換える必要がある。教員の指導にもカウンセリング的配慮を要する場合があり，カウンセリングでも指導的配慮を要する場合もあるので，両アプローチは互いに排他的ではないが，ここでは基本的原則として理解しておく必要がある。

なお，カウンセリング的アプローチにおいては心理的な交流が深まる傾向があるため，クライアントが心の奥に秘めていた事柄を話したり感情を吐き出したりすることがある。そのことによってクライアント自身や話の聴き手が傷ついたりストレスを抱え込んだりすることがある。また，話の聴き手がクライアントとの適切な距離感を見失ったり，問題に巻き込まれそうになったりすることがあるかもしれない。そのためカウンセリング的アプローチでは，守秘等の倫理的配慮に留意するとともに，対応が困難と思われる場合には無理をせずに，スクールカウンセラーなどの専門家や専門の相談機関につなぐことが必要である。

4. アプローチの適用方法

　児童生徒が何らかの理由によって心理的余裕を失った場合，受容・共感・支持的対応によるカウンセリング的アプローチを適用して，心的安定を図ることが当面の課題となる。心理的に余裕がない場合にも一貫して通常の指導的アプローチを続けることは，無理な心理的負担を課すことになるので避けなければならない。心的安定が得られ，ある程度の心理的余裕が生まれたら，進むべき目標の探索や発見が次の課題となる。たとえば，不登校状態にある本人の口から学校や登校などの話題が出る様子が見られるようなときが，その段階に相当すると考えられる。実際的な行動を試みることができる段階になれば，徐々に指導的アプローチにも応えることができるようになる。十分に心理的余裕を取りもどした後は，通常の教育目標の達成が課題となり，指導的アプローチにもどすことが可能になる。

　一連の対応において，同じ人がカウンセリング的アプローチと指導的アプローチを使い分けることは難しい面もあるので，相手の心理状態を判断しながら，スクールカウンセラーと教員が対応のバトンタッチをするということになる。教員が相談をスクールカウンセラーに任せっきりにすることや，逆にスクールカウンセラーが相談を1人だけで抱え込もうとすることは好ましくない。互いに分断された関係はスクールカウンセリングの機能を損なうだ

けでなく，学校を居心地の悪い場所にして，問題を新たに生み出すおそれさ
えある。両者がそれぞれの専門性の正当性や優越性を主張し合うことも意味
がない。両者がそれぞれに得意とする専門的役割を担って，児童生徒の心理
状態に応じた有効なアプローチを提供し合うことがスクールカウンセリング
の基本である。そのためには，双方がお互いの役割や機能，対応方法につい
て学び，理解し合うことが重要である。

●参考文献

Caplan, G. 1964 *Principles of preventive psychiatry.* NY: Basic Books（新福尚武監
　　訳　1970『予防精神医学』朝倉書店）

中央教育審議会　1998　平成 10 年 6 月 30 日付答申：「新しい時代を拓く心を
　　育てるために─次世代を育てる心を失う危機─」文部科学省

門田光司　1996「不登校・いじめの教育臨床」高木俊一郎編著『教育臨床序
　　説』金子書房，pp. 60-61

河合隼雄　1976『母性社会日本の病理』中央公論社

河合隼雄　1992『心理療法序説』岩波書店

河合隼雄　1999「学校における心理臨床」小川捷之・村山正治編『学校の心理
　　臨床』金子書房，pp. 2-10

久冨善之　2003「『教員文化と教育実践』の社会学を考える」久冨善之編著
　　『教員文化の日本的特性』多賀出版，pp. 537-548

前田由紀子　1998「スクールカウンセラーの立場から」氏原　寛・村山正治編
　　著『今なぜスクールカウンセラーなのか』ミネルヴァ書房，pp. 24-44

光岡征夫　2000「コンサルテーション活動とスクールカウンセラー」村山正治
　　編『臨床心理士によるスクールカウンセラー』至文堂，pp. 245-252

文部省編　1965「生徒指導の手びき」

文部科学省　2002　学校基本調査

文部科学省　2005　教職員配置等の在り方に関する調査研究協力者会議（第 3
　　回）配付資料

文部科学省　2010　『生徒指導提要』教育図書株式会社

村山正治　2000「臨床心理士によるスクールカウンセラーの展開」村山正治編
　　『臨床心理士によるスクールカウンセラー』至文堂，pp. 9-22

村山正治　2002「スクールカウンセラーの配置状況の現状について」『日本臨

床心理士会報』第35号，pp. 8-9

佐藤 静　2004「学校文化とカウンセリング文化」『比較文化研究』No. 65，pp. 47-54

佐藤 静　2013　「災害と心の支援」清水修二・松岡尚敏・下平裕文編著『災害復興学入門』山形大学出版会，pp. 100-118

鵜養美昭　2001「スクールカウンセラーと教員との連携をどう進めるか」『臨床心理学』No. 1(2)，pp. 147-152

```
┌─────────────────────────────┐
│          第 6 章            │
└─────────────────────────────┘
```

不登校の実態と各種の支援

　本章では，わが国のスクールカウンセリングの中心的課題である不登校を
取り巻く実態を理解するために，不登校とはどのような状態をいうのかを述
べ，わが国の不登校の状況について説明する。さらに，不登校のきっかけと
なった理由やその背景にあると考えられる各種の要因を検討して，不登校の
基本的理解を図る。第5章ではスクールカウンセラー活用事業を紹介したが，
ここではそれ以外の各種の不登校支援について説明する。

1 節　不登校の実態

1. 不登校とは

　文部科学省では，何らかの心理的，情緒的，身体的，あるいは社会的要因
や背景によって，児童生徒が登校しない，あるいは登校したくてもできない
状況にある場合（ただし，病気や経済的理由による場合を除く）を「不登校」と捉
え，年度間に連続又は断続して 30 日以上の欠席があった場合を不登校児童
生徒数として毎年統計をとっている（文部科学省，2019）。

　不登校（non-attendance at school）は児童生徒が学校を欠席している状態を示
す用語である。文部科学省の調査では 1998 年度から使用されるようになり，
それ以前には「学校ぎらい」という項目で調査が行われていた。また，かつ
ては登校拒否（school refusal）という用語が広く使われてきた経緯があり，後
述するように学校恐怖（school phobia）という用語が使われたこともある。し
かし，不登校は学校や家庭を取り巻く生活環境と児童生徒との相互の関係性
を反映した状態である。学校に行かない，あるいは行けない理由や背景は多

様であり，最初から不登校を問題視したり，その原因として個人的要因を強調したりすることは，問題の本質を見誤らせることになる。動機や理由に関する不正確な誤解や連想を避けるために，不登校という状態像を表す用語が用いられるようになったことは，この問題に対する認識や理解の時代的変遷を物語っている。

2. 不登校児童生徒数の年次変化

　スクールカウンセラー活用事業が始まった1995年度からの不登校児童生徒数の推移を図6-1に示した。増加し続けていた不登校児童生徒数は，2001年度の13万8722人（小・中学校の合計）をピークとして微増減を示しながら横ばい状態が続いていたが，近年では再び増加傾向がみられる。こうした状況は，全児童生徒数に対する不登校児童生徒数の割合（％）でも確認することができる（表6-1）。

　1995年に研究事業としてスタートしたスクールカウンセラー活用事業が国の補助事業として拡大・展開したのが2001年度以降である。それまで積

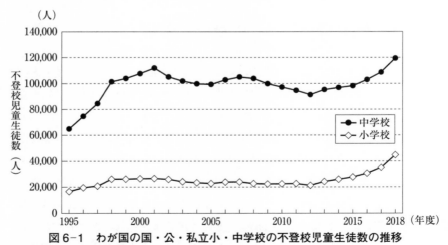

図6-1　わが国の国・公・私立小・中学校の不登校児童生徒数の推移

注：年間30日以上の欠席で集計。
出所：文部科学省調査統計（2019）から作成。

98

表6-1　近年の国・公・私立小・中学校の不登校児童生徒数の割合（%）の推移

年　度	2008	2009	2010	2011	2012	2013	2014	2015	2016	2017	2018
小学校	0.32	0.32	0.32	0.33	0.31	0.36	0.39	0.42	0.47	0.54	0.70
中学校	2.89	2.77	2.73	2.64	2.56	2.69	2.76	2.83	3.01	3.25	3.65

注：年度間 30 日以上の欠席で集計。
出所：文部科学省調査統計（2019）から作成。

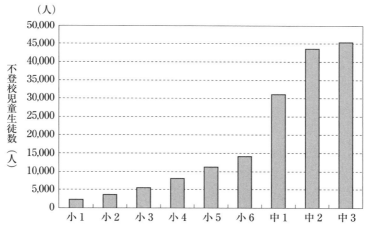

図6-2　2018 年度の国・公・私立小・中学校の学年別不登校児童生徒総数
注：年度間 30 日以上の欠席で集計。
出所：文部科学省調査統計（2019）から作成。

み重ねられてきた不登校対策と相まって一旦は不登校児童生徒数の急増に歯止めがかかったが，近年の状況を見れば不登校支援の取り組みは引き続き継続的な検討と対策が求められている。

　2018 年度の学年別不登校児童生徒数は図 6-2 の通りであった。小学校から中学校にかけて学年が上がるほど不登校児童生徒数が多くなることがわかる。特に中学 1 年生で急増する特徴が見られ，「中 1 ギャップ」とよばれることがある。その理由として，不登校状態が解消されずに継続して累積していることや，小学校と中学校の生活環境や支援環境の違い，さらに発達に関

連する要因として小学校高学年から中学校時代にかけて生ずる思春期特有の心的葛藤や情緒不安定などが背景にあると考えられる。

3. 不登校の背景的要因

　不登校は 1940 年代以降に学校恐怖症として報告された経緯がある。恐怖とは，現実の，または切迫していると感じる脅威に対する情動反応であり，しばしば同様の対象や状況を避ける行動（回避行動）が生じることがある（APA, 2013）。そのため，学校場面で生じた社交恐怖（social phobia），あるいは社交不安障害（social anxiety disorder）と不登校が関連することがあるかもしれない。また，自己像の受け入れや自我同一性（ego identity）の確立などをめぐる発達上の内面的問題が，学校生活に影響を与えることがある。そうした個人特有の事情や心理的要因が注目されることもあったが，わが国の不登校に関する認識が進むに従って，取り巻く環境によっては，どの児童生徒にも起こり得るととらえられるようになった（文部科学省，2016）。

　文部科学省の調査報告（文部科学省，2019a）では不登校の要因を学校・家庭に係る要因と本人に係る要因に分けて示している。小学校（国公私立）における「学校に係る状況」では，友人関係をめぐる問題（いじめを除く）が 21.7％，学業の不振が 15.2％であり，「家庭に係る状況」（家庭の生活環境の急激な変化，親子関係をめぐる問題，家庭内の不和等）は 55.5％であった。「本人に係る要因」においては，「不安」の傾向があるが 35.9％，「無気力」の傾向があるが 26.6％，「学校における人間関係」に課題を抱えているが 14.0％であった。中学校（国公私立）における「学校に係る状況」では，友人関係をめぐる問題（いじめを除く）が 30.1％，学業の不振が 24.0％であり，「家庭に係る状況」（家庭の生活環境の急激な変化，親子関係をめぐる問題，家庭内の不和等）は 30.9％であった。「本人に係る要因」においては，「不安」の傾向があるが 32.4％，「無気力」の傾向があるが 30.0％，「学校における人間関係」に課題を抱えているが 18.7％であった。小学校と中学校を比較すると，友人関係をめぐる問題や学業不振，不安や無気力に共通の傾向が見られることがわかる。中学校よ

表6-2 不登校の背景にあると考えられる各種の影響要因

	影 響 要 因
学校	学習状況，教員と児童生徒・保護者との関係，友人関係，生徒指導・教育相談の状況，発達障害支援の状況，etc.
家庭	家族状況，家庭の経済状況，生活環境，親子関係，学校との関係，教育への意識，etc.
本人	発達時期，成育歴，性格，興味や関心，心身状態，発達障害，etc.
社会／時代	教育・学校観，価値観，目標や生きがい，経済状況，社会状況，災害，etc.

りも小学校の方が家庭に係る状況の割合が高いことが特徴と考えられる。

　注意しなければならないのは，ここで要因としてあげられた事由が，不登校の「原因」とは断定できないことである。不登校という現象が発現する背景には，表6-2に示したような個々の児童生徒の発達過程や生活・社会環境における諸々の要因が複合的に影響していると考えられる。2016年には教育機会確保法が成立し，学校外における学びに関する認識も広がっている。不登校とは単に児童生徒が登校しないという限定的な問題ではなく，児童生徒の成長過程および家庭や学校，さらに時代や社会全体に関連する課題と捉える必要がある。

2節　学校内・外の不登校支援事業

1. 各種の教育相談事業

　第5章で述べたスクールカウンセラーの活用事業と並行して，1998年度から2003年度まで「心の教室相談員」活用事業が行われた。この事業は，教職経験者や民生児童委員，青少年団体の指導員，大学生などの地域の身近な人材を中学校長が心の教室相談員に任命して，生徒たちの日頃の悩みなどの相談相手になってもらうことを目的としたものであった。それ以降は，児童の不登校対応を目的とした「子どもと親の相談員」配置事業や，いじめな

どへの対応も合わせた「生徒指導推進協力員・学校相談員」配置事業等に引き継がれながら現在に至っている。これらの取り組みはスクールカウンセラーの配置状況を勘案しながら実施されている相談事業の一環であり，各自治体や教育委員会，学校ごとに事業形態を工夫しながら取り組みが進められている。また，児童生徒の家庭が抱える問題等の支援にあたるスクールソーシャルワーカーの活用事業も展開中であり（第4章参照），学校における生徒指導や教育相談の環境を整備・充実させるために，これらの事業を効果的に組み合わせて活用することが求められている。

　不登校支援に関連する他の事業としては，以下の項で述べる不登校児童生徒の学校外の通所施設である教育支援センター（適応指導教室）の整備事業や専門機関との連携，その他の地域連携事業などがある。また，不登校との関連性が考えられる各種の発達障害に関する特別支援教育の取り組みも行われている（第9章参照）。

　不登校支援の方針や考え方をめぐっては，従来重きが置かれがちだった再登校（学校復帰）だけを目標とするのではなく，将来の社会的自立に向けた取り組みの充実が求められるようになってきている（文部科学省，2019b）

2．適応指導教室による支援

　不登校児童生徒に対する代表的な学校外の支援施設として，都道府県や市町村の教育委員会が設置・運営している教育支援センター（適応指導教室）があげられる。適応指導教室の目的は，不登校児童生徒の集団生活への適応や情緒的安定，基礎学力の補充や基本的生活習慣の改善等を目標とした相談・指導を行うことである（文部科学省，2003）。文部科学省の調査報告（文部科学省，2019a）によれば，2018年度において1550ヵ所（都道府県設置数1449，指定都市設置数101）の適応指導教室が設置されており，利用者は全不登校児童生徒の12.0％に当たる1万9754人（小学生4660人，中学生1万5094人）であった。そのうち，指導要録上出席扱いとした人数は1万6697人（小学生3403人，中学生1万3294人）であった。適応指導教室や教育センター，児童相談所，病

院，民間施設などの学校外の施設や相談機関で相談・指導を受けた人数は不登校児童生徒全体の34.1％であった。

　適応指導教室では学習やリクリエーション活動のほかに，個別の教育的・心理的プログラムによる支援を行っている。個々の教室によって活動内容は異なるが，少人数グループの特徴を生かした他者との交流経験を重視して，学校環境への適応促進を図ることが基本的な取組になっている。その意味で学校復帰も一つの目標とはなるが，病気の治療のように不登校を"治す"という観点ではなく，社会的スキルの獲得や学習の機会を提供し，心理的に支援することが基本的課題であると考えられる。不登校の時期を孤立させることなく支え，将来の社会的自立に向けた成長支援や進路模索のための機会や場所を提供することに，適応指導教室の大きな役割や機能があると期待される。

3. 専門機関との連携

　不登校は複合的な諸要因を背景として発現した状態像（臨床像）の１つであり，さまざまな心身症状を伴うことがある。そのため，支援の取り組みには，それらの問題に対応してくれる各種の専門機関との連携が不可欠となる。

　不登校に伴って，気分の落ち込み（うつ）や不安，不眠などが見られる場合がある。ケースによっては精神障害が潜んでいる場合があり，摂食障害（過食や拒食）や自傷行為が見られる場合もある。そうした心身症状に対しては医療機関や精神保健センターなどの支援が必要である。第９章で紹介する発達障害については，発達相談を専門とする児童相談所や発達相談支援センターなどの支援が必要である。

　各種の専門機関と連携する際には，連携の目的を明確にするとともに，誰が何を担当するかという役割分担を的確に行って，連携が単なる"たらい回し"にならないよう注意することが必要である。関係する個々人によって思いや考えが異なっていることがあるので，学校側においては，校長や教頭などの管理職，スクールカウンセラーやスクールソーシャルワーカー，特別支

援教育コーディネーター（第9章参照）などを窓口や連絡・調整役にするなどして，取組の方針や方向性を見失わないようにすることが重要である。

　学校側やスクールカウンセラーが医療機関での受診や相談の必要性を感じたときには，クライアントである児童生徒や保護者と相談して同意を得たうえで，紹介の手続きをとることになる。その際には，本人や保護者に確認をとりながら，相談情報の扱いや守秘に留意した対応が求められる。

　外部機関との連携を図るためには，双方の担当者同士の協力関係を築き，意思疎通を図っておくことが必要である。また，できることやできないことをお互いに知っておくことも大切である。実際には，設備や機能，相談状況などの諸事情で十分な支援や個別的ケアが難しい場合も少なくない。実情に合わない過大な期待や要求は，相互の信頼関係や協力関係を損なうことになりかねないので注意が必要である。

4. 地域支援の取組の例

　不登校の地域支援に関する先進的な取り組みの一例として，仙台市の教育委員会が立ち上げと運営に協力している「仙台市不登校支援ネットワーク」を紹介する。この取り組みでは，不登校を学校教育の問題としてだけ捉えるのではなく，子どもたちの社会的自立支援に向けた地域や社会全体の問題として捉えており，行政関係者以外の市民や各種団体，民間企業や大学などの，幅広い地域の人材や機関が参画していることが特徴である。図6-5にその構成を示した。

　この不登校支援ネットワークの目的は，不登校児童生徒や保護者に対する支援を行い，さまざまな課題の解決のために，事業企画や事業実践，研究開発を行うことである。具体的な内容として，不登校児童生徒を対象とした相談・適応指導などのボランティア活動（学生ボランティアを含む），学習支援や社会体験・自然体験事業があげられる。さらに，家から出ることが困難なケースにも対応できるように，IT機器を利用した学習支援などの取り組みが試みられている。そうした活動に必要なハード・ソフト面の整備については

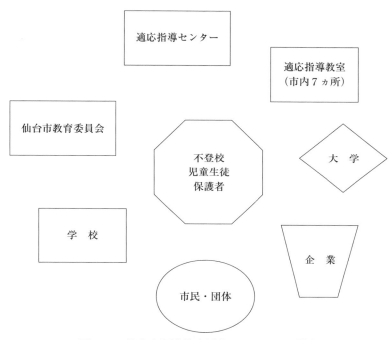

図6-5　仙台市不登校支援ネットワークの構成

適応指導センター

適応指導教室
（市内7ヵ所）

仙台市教育委員会

不登校
児童生徒
保護者

大　学

学　校

企　業

市民・団体

民間企業がバックアップしており，大学は研究・開発などの学術的支援を担
当している。

　学校の外に連携の輪を広げ，IT機器の活用を図るなどの方法で，不登校
の周辺に位置する課題である「ひきこもり」の支援などにも取り組むことは，
これからのスクールカウンセリングの課題や方向性を示すものである。スク
ールカウンセリングは学校だけでなく，地域社会全体に係る取組でもあるこ
とを理解しておく必要がある。

●参考文献

American Psychiatric Association（APA）2013 *Diagnostic and Statistical Manual of Mental Disorders*: *DSM-5*, Fifth Edition（高橋三郎・大野裕監訳　2014

『DSM-5 精神疾患の診断・統計マニュアル』医学書院）

文部科学省　2003　不登校問題に関する調査研究協力者会議編「今後の不登校への対応の在り方について」（報告）

文部科学省　2016 不登校に関する調査研究協力者会議「不登校児童生徒への支援に関する最終報告」（報告）

文部科学省　2019a　平成 30 年度児童生徒の問題行動・不登校等生徒指導上の諸問題に関する調査結果について

文部科学省　2019b　不登校児童生徒への支援の在り方について（通知）

佐藤　静　2007「スクールカウンセリングの創造（6）—不登校支援における地域連携の取り組み」，宮城教育大学紀要，第 42 巻，205-215

第7章

「不登校」から学ぶ

　不登校生徒に対してどのように対応したらよいかという議論が盛んになって久しい。しかし，さまざまな試みや努力が重ねられてきているのに，なかなか十分な成果を得ていない。不登校について十分な理解が得られないまま，対策ばかりが先行しがちな現状がある。具体的対応策はそれぞれ大切であるが，本章では一歩もどって，一筋縄ではいかない「不登校」問題の難しさはそもそもどこからくるのか，「社会的背景」，「学校の限界」，「内面理解の難しさ」の３つの側面から考え直してみる。不登校という現象や不登校の子の気持ちを理解しようとするとき，知らずにわれわれの判断を誤らせてしまういくつもの盲点が見えてくる。

1節　「不登校」理解の難しさ

1．社会的背景の問題

1）　常識の弊害

　まず，誰しもが何の疑いもなく「学校は行って当たり前」という素朴な常識に縛られていることがあげられる。ケガや病気，忌引きなどを除けば，子どもは毎日学校へ行くのが当然と考えられている。心の変調や悩み事は，欠席の理由として認められないのである。この常識から自由になれずに，不登校の子も親も教員も二重の辛さを味わっている。

2）　世間体の弊害

　日本には，いわゆる「世間の目」，「ご近所の手前」を気にしやすい風土がある。不登校の子の親は「うちの子だけ学校に行けないなんて」と感じやす

く，教員にも「自分のクラスから不登校を出したくない」と思う者が少なくない。子どもの気持ちより先に，周囲の目が気になって，子どもの気持ちは二の次になりやすいのである。

3）「がんばる」と「がまん」を美化する弊害

　「がまん」や「がんばり」を美徳とする価値観は日本文化や教育現場の深いところで思いのほか重視されてきた歴史がある。これが過度になると「根性論」に発展することがままある。ときと場面に応じて適切ながまんができて，がんばりがきくことはもちろん大切である。しかし，心のバランスが崩れたときにまで「がまん」，「がんばり」を強いると，逆に問題をこじらせてしまう。

2. 学校の制度的な限界

1）　小・中学生には学校以外に行き場がない

　まず小・中学生にとって，平日に出かけることが許されている場所は「学校しかない」のである。クラス担任もクラスメートも時間割も学校側から与えられたものである。これらは当然のように受け止められているが，高校生になればアルバイトも比較的自由となり，退学して仕事を始めることもできる。大学生は自分に向いた学部，専攻を選び，受講科目や指導教官の選択も可能となる。社会人は自ら職業選択できるし，時間の使い方はある程度本人の判断に任されている。必要に応じて年次休暇をとることもできる。このように考えると，長い人生のなかでいかに小・中学生の学校生活が他律的に規定され，いかに自己選択の余地の少ない時代であるか理解されるだろう。

　筆者の知るある中学生は，不登校の初期，家を出ると人気のない河川敷の鉄橋の下で過ごし，夕方になると帰宅するということを繰り返していた。不登校問題を考えるとき，小・中学生には指定された学校へ通う以外，まず行き場所がないという事実をあらためて考え直してみる必要がある。長い間，適応指導教室のような場所がなかったことのほうが不思議であり，フリースクールが増える理由もここから理解されるだろう。

2) 学校の魅力度と個人差

小・中学校では，能力や興味・関心がさまざまに異なる子どもに対して，「同じ内容を，同じペースで，同じ方法で教える」教育が展開されている。物理的にも「子ども全員が，同じ四角い教室で，同じ四角い机で，同じ四角い教科書とノートで…」学ぶという環境に置かれている。これらは，おおよその子どもにとってはまずまずの環境であろう。しかし「すべての子どもに最適の環境」ではない。したがって，こうした高い"同質性"を前提として運営される学校生活に合わない子どもがいても不思議ではないことを十分自覚しておかなければならない。さらに教員がこの同質性の高い生活リズムに頼りすぎて，子ども一人ひとりの個性や感性を見落としがちな傾向にも気づいていなければならない。ここには1クラス30〜40人の子どもを一斉に指導しなければならない人数構成も関係している。

3) 不登校の理解者とゆとりの不足

子どもの心の変調について，専門的な理解とケアができるベテランの教員が不足している現状がある。また経験豊富な教員がいたとしても，ほかの校務が多忙で思うに任せないことが多いのが実情である。子どもの心の理解や扱い方によいセンスをもった若手教員がいても，それを十分に育てていけるだけの組織的な支えがまだ十分でない。人的にも，時間的にも，組織的にも，専門の教員を育てるにふさわしい「ゆとり」が不足している。スクールカウンセラーの派遣が進んではいるが，勤務日数の限界や教員との連携のあり方など今後に期待されることの多い段階である。

3. 「不登校の子ども」の内面を理解する難しさ

1) 生まれて初めての経験

不登校状態の子どもは，「行きたいけど行けない」焦りや不安，罪悪感などを，生まれて初めて経験している場合がほとんどである。したがって子ども自身も自分の気持ちをうまくいい表せないで困っていることが多い。自らの気持ちを表に出さない人の心中を察することの難しさは，誰しも認めるだ

ろう。経験されているのが否定的感情なだけに，なおさら子どもの気持ちの
理解が難しくなる。

2) 揺れる思春期

　不登校数の最も多い中学生は，人間の一生のなかで心身の発達の最も著し
い思春期にあたる。いわゆる第二反抗期とよばれる時代でもある。「もう子
どもではない，まだ大人ではない」という不安定な自分を生きていくという
大仕事の真っ只中にある。"はだかの魂が顔をのぞかせ，闊歩する"，きわめ
て危険を伴った発達段階でもある。心身のバランスが不安定となり，不登校
という行動となって現れても不思議ではない。

　以上のような問題をていねいに考えることが，不登校の理解を深めること
につながる。不登校理解の視点をさらに整理してみよう。

2節　「不登校」理解の手がかり

1. 外的適応と内的適応

　そもそも「不登校」とは，学校に行けない（行かない）という，子どもの
外面的で具体的な状態像に注目してつけられた呼び名である。この言葉は，
いつから休み始めたか，休み始めてどのくらい経つか，家では何をしている
かなどに注意が向けられる。そして登校していることがよい状態であるとい
う前提で使われ，子どもを学校に行かせるにはどういう「登校刺激」を与え
るのがよいかという議論に発展しやすい。しかし外部からはうかがい知れな
い複雑な「不登校」の子どもの心の内を抜きにして考えることはできない。

　ここで，学校に通っているかどうかという表面的状態を「外的適応」，他
方，単に学校に通っているか否かではなく，子ども本人が現在の生活に無理
を感じているかどうかという内面的側面を「内的適応」として捉え，この両
面から考えてみよう。この2つの視点を不登校の子どもだけでなく，児童・
生徒全般に広げて当てはめて整理したものが，表7-1である。A～D領域の

表7-1　不登校における内的適応と外的適応　(宮前)

外的適応 内的適応	登　校	不登校
自分自身に対する 無理が少ない	A 「学校大好き」 「体育だけ好き」 サークル活動が楽しみ 友だちと会いたい	C 自宅（自室）避難 積極的学校離れ 保健室登校　　　　※ フリースクール　　※ 適応指導教室　　　※
自分自身に対して どこか無理がある	B がんばって通っている がまんして通っている 「いい子」を演じる 過剰適応，擬似適応 …不登校予備軍	D 混乱状態 ひきこもり

※：文部科学省「学校基本調査」では，保健室登校等は「登校」扱いであるが，
　　所定の教室で過ごせないという意味でここではC欄に分類した。

簡単な説明を加えておく。

　A領域…順調に登校しており（外的適応），本人も学校生活を無理なく楽し
　　　　んでいる（内的適応）。

　B領域…休まず登校しているが，内心かなり「がまん」や「がんばり」を
　　　　強いられている。

　C領域…通常の登校ができず，保健室，適応指導教室，フリースクール，
　　　　または自宅で過ごす。しかし，内心では無理が減って，ほっとで
　　　　きている。

　D領域…登校もできず，しかも，内的な無理や不安，緊張がずっと続い
　　　　ている。

　これら4領域は便宜的な分類であるが，不登校問題の理解を助けてくれる。
まず，A領域の順調な学校生活を送っている子どもはひとまず安心である。

しかし，いつどのようなトラブルが起きても不思議ではなく，けっして不登校と無縁ではない。

B領域の子どもは，とりあえず登校しているので行動レベルでは，A領域の子どもと見分けにくい。しかし，内心かなり無理を感じながら，表面的には平静を装う「擬似適応」状態の子どもや，一見して"いい子"を演じ続ける「過剰適応」の子どもたちが含まれる。B領域のなかには，少なからず「不登校予備軍」あるいはグレーゾーンの子どもがいる。

C領域は，通常学級への登校を止めることで，ようやく不安や緊張が幾分か和らいだ状態のいわゆる「不登校の子ども」たちである。

筆者の知る不登校のケースに，バレリーナを目指して普段はバレエ教室に通い，学校にはときどき現れるという女子中学生があった。親もこれを了解していた。こうしたケースは「不登校」より「積極的学校離れ」とよんだほうが適当であろう。

しかし，不登校さえすれば子どもは落ち着いて楽になれるというほど，事態は単純なものではない。C領域の子どもには，周囲の暖かいまなざしとよき理解者が必要である。理解者を得られない状況が続けば子どもはさらに苦しい生活を強いられることになる。現実にはそういう子どもが少なくない。

D領域は，登校もできず，辛い思いも一向に減らない孤立状態のグループを示している。ここから派生する長期の「ひきこもり」をめぐる問題は，3節で述べる。

このように，「内的適応」の視点を加えて考えると，不登校問題が一部の子どもに限られたものではないことが理解されるだろう。次に，外的適応ばかりに関心が向いて，「内的適応への配慮」が足りないときに使われがちな，不登校生徒への不適切な言葉がけについて述べる。

2. 不登校の症状と禁句

多くの不登校の子の気持ちは，「できることなら本当は学校に行きたい，でも，どうしても行けない」という状態にあり，これが心身の不調となって

表 7-2　不登校の症状と禁句　(宮前)

	具体的現れ	禁句（言ってしまいがち）
心身の不調	・通学時間になると特に… 　　玄関で足がすくむ，倒れ込む 　　腹痛，頭痛，吐き気がする ・だるい，寝ても疲れがとれない ・食欲不振，不眠	「気のせいだ…がんばれ！」 「だらしない」 「根性がない」 「甘えるな」
情緒的混乱	自己不確実感 　…自分がどんな人間なのかわからない 自己否定感 　…学校に行けない自分はダメ人間だ 罪悪感 　…自分は親や先生に迷惑をかけている 絶望感 　…このままでは自分だけ取り残される 恐怖感 　…友人や近所の人の視線が怖い 厭世観 　…自分はこの世からいなくなったほう 　　がいいのではないか 自殺念慮 　…生きていてもしょうがない	「そんな子に育てた覚えはない」 「みんな，がんばって学校に行っている，お前もがまんして行け」 「みんなに迷惑かけるな」 「先生に心配かけるな」 「休むともっと学校に行けなくなる」「勉強に遅れるよ」 「たまに来てもしょうがないよ」 「もう遅れは取りもどせないよ」

現れることがしばしばある。こうした子どもの内面の葛藤は理解されにくく，予備知識のない親や教員は「学校に行きたいのなら，なぜがんばって行かないのだ⁉」といった声がけをしがちである。このような，不登校やその予備軍の子どもには逆効果となり，問題をこじらせることになりかねない言葉がけを表 7-2 に整理した。よほど意識しておかないと，つい口にしてしまいやすい言葉（禁句）である。親や教員は十分注意してほしい。

　まず，「心身の不調」は，特に朝の登校時間に強く現れることが多い。登校の用意をしたうえで，玄関先まで行って倒れ込むなどの症状には，次の葛藤がそのまま表現されている。

> 学校に行かなければならない　⇔　でも行けない

そのほか，腹痛，頭痛，吐き気などさまざまの症状がよく見られる。これらは言葉でなく行動や症状として発信されたSOS信号である。このサインに対して，「気のせいだ」，「甘えるな」などの言葉で片づけようとせず，内心難しい状態にあるのかもしれないと推測する必要がある。

　情緒的な不安や混乱の様子も十分に理解しておかなければならない。自己不確実感や絶望感だけでなく，「自分は死んでしまったほうが…」とまで思いつめている不登校の子どももけっして少なくない。辛い心中を無視した「親や先生に迷惑をかけるな」，「勉強に遅れるぞ」などの言葉は，子どもをさらに辛い状態に追いつめることになる。

3.「悩み」のレベル

　ひと口に「悩み」といっても，人間の悩みは簡単に解消できるものから，容易には解決できないものまでさまざまある。表7-3は，「悩みと解決の見通し」，「悩みの自覚」，「援助の方法」について4つの段階に整理したものである。これに従って次のように理解しておくと，子どもたちの相談に対して適切な対応が可能となる。

　第1段階は，「来週試験があるが，よく勉強しておけば大丈夫だろう」など，悩んではいるがどうすれば解決できるか本人自身も十分わかっており，特に援助を必要としないものである。

　第2段階は，「受験勉強の仕方がわからない」，「自分に向いているサークルがわからない」など，学校生活のなかで子どもたちが日常的に経験する悩みであり，教員が最もよい相談相手になれる内容の悩みでもある。必要な具体的情報や解決の手がかりについて，教員として「教える」ことができる。助言や励ましなども悩みの解決に役立つことが多い。しかし，こうした悩みでも，ていねいに話を聞いていくと実は次の第3段階の悩みであったという場合も少なくないので注意が必要である。

　第3段階は，家族や友人など複雑な人間関係の悩み，自分の性格や生き方に関する悩みなど，簡単な助言，励ましでは対応できない悩みである。こう

表 7-3　4 段階の悩みと援助の内容 (宮前)

	悩みと解決の見通し	悩みの自覚	援助の方法
第1段階	すでに解決の見通しあり	悩んでいる自覚あり	援助は必要ない
第2段階	適当な援助で解決できる	自覚あり 〈例〉進路の悩み	具体的指導・援助
第3段階	簡単には解決できない	自覚あり 〈例〉人間関係や性格の悩み，生き方の悩み	カウンセリング等
第4段階	見通しがない	悩みの自覚が曖昧，または欠けている 〈例〉強度のひきこもり	多面的支援が必要

した「正解のない」悩みに対しても，教員は解決法を「教えよう」としがちである。このような場合，何よりもまず「それがとても大切な悩みであること」を認めてあげることがより重要である。子どもは，そのような問題で悩んでいる自分を否定的に捉えていることが多いからである。そのうえで，教員は「よき聴き手」となる必要がある。あるいはスクールカウンセラーに任せることもよい。

　第4段階は，本人自身もどのような問題で悩んでいるのか把握できていない状態であり，したがって自発的に援助を求めることも少ない。自分が置かれている状況を具体的に理解できず，漠然とした不安感や強い緊張状態を経験していることが多い。次節の「ひきこもり」などに多い状態である。環境調整，社会的支援，カウンセリング，医学的治療など多面的な援助が必要となる。

　以上のように，子どもの悩みに出会ったとき，その悩みの水準に合った対

応が重要である。見当違いの対応は悩みを長引かせ，より深刻な事態を招く
ことにもなりかねない。

第8章

子どもが直面しやすい心身の危機とその援助

　本章では，子どもが直面しやすい心身の危機について述べる。特に，摂食障害，トラウマと PTSD，性をめぐる問題，自殺をめぐる問題，そして統合失調症についての症状とその対応方法について述べる。

1 節　摂 食 障 害

1. 摂食障害とは？

　日本の摂食障害の受診患者数は，1998 年頃から急増しており，1 年間の病院（20 床以上）受診患者数の推計値は約 2 万 5000 人（2014-2015，厚労科研研究班）といわれている。ただし，自ら受診する者は，2〜3 割以下にとどまるといわれていることから，この数字をはるかに上回る患者数がいると推測される。

　思春期のダイエットをきっかけにした摂食障害の発症が多く，男女比は 1 対 10〜20 と圧倒的に女性が多い。摂食障害の原因は，社会的・遺伝的・心理的・生物学的要因がそれぞれ関与しているという見方が専門家のなかで一致した見解である。

　摂食障害は，DSM-5（米国精神医学会の診断・統計マニュアル）では拒食症：神経性食欲不振症（Anorexia Nervosa）（制限型／むちゃ食い・排出型）と，過食症：神経性大食症（Bulimia Nervosa）（排出型／非排出型）に大別される。症状としては，拒食症の場合，拒食，低体重，無月経を主な特徴とし，精神的に活発・活動的でどんなにやせていても自分が異常だとは認めない。一方，過食症はむちゃ食いや嘔吐を主な特徴とし，精神的には無気力や抑うつ的な状

態が続いていることが多い。排出の方法としては，嘔吐が主流ではあるが，下剤によるものや，過度の運動によるタイプもあるので見逃してはならない。

　最近の傾向としては，①拒食症を発症した後に過食症へ移行するケースや，②過食を伴いつつも低体重のままのむちゃ食い・嘔吐（排出型）を繰り返すケース，③拒食症の既往のない過食症，④特定不能の摂食障害の増加，が指摘されている。

　また，厚生労働省（2019）は，回復率は50～60％で，その半数が回復するのに4～5年かかっていると報告している。

2. 摂食障害への対応

　摂食障害の場合，自ら進んで医療機関へ受診する者は少ない。特に，拒食症の患者は，体重減少に成功している高揚感で，本人は至って機嫌よく，行動力もあるため，周りも見逃してしまうおそれがある。また，一旦受診しても，受診中断率が高いのも特徴である。よって，まずは，摂食障害に関する知識を本人のみならず，家族が十分認識するところから治療は始まる。

　具体的な治療としては，医療機関（主に精神科）で身体的・心理的な治療をしていくことになる。個人療法・家族療法・集団療法・自助グループ・薬物療法が中心になる。拒食症が進み生命への危険が高い場合は入院治療が必要となる。

3. 学校教員の立場でできること

①本人とは安全で安心できる関係性をつくり，援助する。

②本人・家族に摂食障害に関する適切な情報を与える。

③完璧主義による「all or nothing」を志向する傾向が高いため，ほどほどの生き方や関係性のもち方を体験させる。

④保護されること（甘えること）に関して両価的な感情を表現する傾向があるため振り回されないようにする。

⑤受診を勧め，治療を中断しないように援助する。無理やり受診させるこ

とはなるべく避けるようにする。ただし，拒食が進み極度の体重減少が見られる場合は，生命への危険性も起こり得るため，強制的な入院治療も必要になることも認識しておく。

⑥本人が受診を嫌がる場合は，スクールカウンセラーへの相談や自助グループへの参加を促し，家族からの相談を中心に進めるとよい。

⑦教員1人で抱え込まずに，他の専門家と連携して関わることが重要である。

参考：おおむね標準体重〈標準体重の算出計算＝22×（身長 m)²〉より20%少なくなるとホルモンのバランスが崩れ，30%の減少で重要臓器の障害の危険性があり，40%減で生命に危険が及ぶとされている。

4. 身体醜形障害・リストカットに関連して

摂食障害の背景に，標準体重を下回っても，まだ太っていると思い込み，自分自身の容姿を醜いと思い込む身体醜形障害（BDD : Body Dysmorphic Disorder）がある場合が多い。このような否定的なボディイメージが摂食障害の中心的な病理であると最初に認めたのはブルック（H. Bruch）である。また，発達心理学者のラーナーらは，子どもは4，5歳のとき，社会のメッセージを自らのボディイメージとして取り入れ，形成していくと述べている。よって，幼児期に内在化された身体に関する否定的な認知や体験を修正することが摂食障害の治療に重要な役割を果たすことになる。また，BDD患者の社会恐怖の合併率は54%，うつなどの気分障害を有する者は96%を示し，40%近くが自殺企図をしたことがあるとの調査結果が出ていることも見逃せない。リストカットも摂食障害と合併して出現することが多い。リストカットは，「自分を罰したい」，「死にたい」，「この辛さをわかってほしい」，「生きている実感を感じたい」，などと多岐にわたる理由で行われる。本人はリストカットしているときはむしろ，精神的苦痛から一時的に解放されるため，リストカットに依存していくことが多い。これらの背景に自己肯定感の低さや向けどころのない「怒り」が関係している。家庭内では両親間や家族員の

人間関係の葛藤に巻き込まれてきたケースが多く，特に母子関係の葛藤のなかで，自己存在感が希薄なまま，育ってきたケースが多く見受けられる。よって，摂食障害に悩む患者に家族がどれだけ耳を傾け，理解を示し，支え続けられるかが摂食障害の予後を決定づける大きな要素となる。

2節　トラウマと PTSD

1. トラウマと PTSD とは？

　トラウマとは，「対処能力を超えた圧倒されるような出来事による心理的・感情的に苦痛を伴う状態」をいう（Figley, 1978）。その出来事には個人レベルでは，事故，性的被害，身体的被害，心理的虐待，いじめ，強盗，無差別殺人，ケガ，死，家族員の自殺，事故，これらの出来事の目撃などがあげられる。また，地域レベルでは，災害，火事，公害，集団を巻き込む事故やテロリズム，公共性を脅かす殺人事件や暴力などが含まれる。

　PTSD とは Post Traumatic Stress Disorder を略したもので，「心的外傷後ストレス障害」と訳されている。日本では，阪神・淡路大震災（1995 年），地下鉄サリン事件（1995 年），池田小学校事件（2001 年），東日本大震災（2011 年）などの大きな災害や，事件が起こるたびに認知されるに至っている。PTSD は 1980 年に米国精神医学会の診断・統計マニュアル（DSM-Ⅲ）で初めて提唱された診断名である。特に，ベトナム戦争による PTSD 研究では，患者の大部分が死の恐怖によって大脳辺縁系の海馬核に萎縮が見られ，視床下部による自律神経系・ホルモン系・免疫系のコントロールが阻害された結果，心身症としてのさまざまな身体症状や抑うつ反応が生じると報告されている。

　通常経験したことがない悲惨な出来事を体験すると，誰にでも起こり得る反応を「心的外傷後ストレス反応」という。感情への影響はその直後すぐ現れることもあれば，1 週間後，1ヵ月後以降に現れることもある。特に，地震直後は興奮状態になっているため気づかないが，一段落したところで症状が出てくることもあるので注意が必要である。ちなみに，1995 年に起きた

阪神・淡路大震災の際，兵庫県の小・中学校を対象にした調査の結果，地震発生後3年間までは，心のケアが必要な児童生徒数が増えていることも注目すべきであろう。

2. 心的外傷後ストレス反応の症状

　心的外傷後のストレス反応の具体的な症状は，大きく①心理的・感情的症状，②身体的症状，③思考障害，④行動障害と4つに大別できる。これらの症状が出た場合，あくまでも一時的な症状であることを理解し，自らを必要以上に責めず，あせらず，ペースダウンして取り組むように心がけるとよいとされている。

1)　心理的・感情的症状

　わけもなく心配で落ち着かなく不安になり，いらいらし，異常に興奮する状態が続く。落ち込んだり，向けどころのない怒りを他人や自分に向けてみたり，罪悪感に囚われやすくなる。自分の辛さを誰もわかってくれないと感じ，孤独感や疎遠感が増すことがある。また，フラッシュバック─たとえば大きな地震を体験した人が，少し揺れただけで過剰に反応してしまいパニックになる─が起こりやすくなる。

2)　身体的症状

　頭痛・胃痛・腰痛・筋肉痛・吐き気・不眠症・血圧の上昇・めまい・痺れ・震え・倦怠感・皮膚疾患などと多岐にわたって症状が出現しやすくなる。また，免疫系のアンバランスをきたすことからアレルギーや風邪・インフルエンザにかかりやすくなる。

3)　思考障害

　集中力がなくなる・気持ちが混乱する・物忘れがひどくなる・決断，決定が鈍る・意欲が低下する・仕事の段取りがうまく運べなくなるなどの思考障害も一時的に出てくることがある。

4)　行動障害

　興奮する・過剰な活動・突然怒りを爆発させる・口論が増える・落ち込ん

だ気持ちになり泣くことが増える・言葉や文章で自分を表現できなくなる・他人と距離をとり，ひきこもりたくなる・飲酒や喫煙，薬物使用が増える・おそろしかった出来事を思い出させる場所や行動を異常に避けようとするなどの行動面の障害が出現しやすくなる。また，地震災害などのストレス体験が引き金となって今まで潜在化していた家庭問題が浮上してくることもよくあることである。

3. 子どもの PTSD への対応

　子どもは特に心が傷つきやすく，そのコーピングスキルも限られているため，特別の配慮が必要である。子どもの場合，大きなストレスを感じると退行現象が起こりやすい。たとえば，「おもらし」，「爪かみ」や「おしゃぶり」が始まったり，異常に恐怖感を訴えたり，親に甘えてきたり，抱っこをねだったりすることがある。また，逆に反抗的で攻撃的になって，きょうだいゲンカが多くなることもある。悪夢や，原因不明の痛みやかゆみなどの身体症状を訴えることもある。また，遊びのなかでそのトラウマ体験の出来事に関連した遊びを始めることもある（ポストトラウマティック・プレイ）。これらのストレス反応が起きたときには，一時的な反応なのであわてることなく対応することが大切である。これらの反応を無理に止めようとせず，むしろ受け止めながら，「怖かったね」と感情を表出させ，話をじっくり聴き，「もう大丈夫」と安心させてあげることが大切である。また，心的外傷後ストレス反応は，事後しばらくしてから現れることがあることを十分考慮のうえ，中長期的なスパンでサポートしていく必要がある。

　震災などの大きな災害によるトラウマを受けた場合，その恐怖心や不安・怒りを抑えずに誰かに話し，分かち合うほうが早くトラウマによるストレス反応から抜けやすくなる。また，災害で被災した場合，普段とは異なる生活を余儀なくされることが多いが，できるだけ普段と変わらぬ生活パターンを守ろうとすることも大切である。食事・栄養・睡眠・休息を十分にとるように心がけ，孤立しないように親戚や友人などと連絡を取り合うことも安心感

をもたらす材料となり得る。

これらのストレス反応は誰にでも起こり得る自然な反応として捉え，心の専門家にためらうことなく相談に乗ってもらうことも，早く心的外傷後ストレス反応やPTSDから抜け出せる大きな手助けとなる。

また，被災者・被害者のみならず救援者・支援者も2次的に受傷し，トラウマ反応が起こることも忘れてはならない。

4. 学校の危機管理体制

2004年に起きた佐世保・同級生殺人事件（女子児童が仲良しと見られていた女子児童を殺傷する事件）では，加害者と被害者が同じクラス内で発生したため，学校関係者も大きなトラウマを抱えることになった。また，2001年に発生した附属池田小学校事件では学校内で8名の幼い命が奪われ，13名の児童と2名の教員が負傷するという残忍な事件であった。学校は安全であるという学校神話がもろくも崩れ去った事件の1つである。遺族の1人酒井麻希ちゃん（当時小学2年生）の両親と支援者によって共同執筆された『犯罪被害者支援とは何か』は犯罪に巻き込まれ，ある日突然愛するわが子を奪われた遺族がどのような試練を受け，乗り越えていくか，支援のあり方を含めて多くのことを示唆してくれる貴重な著書として一読を薦めたい。

いじめ問題や学内の性的な事件も含めて，加害者（家族）・被害者（家族）への対応・目撃者への対応・マスコミへの対応・警察や司法への対応など学校内での危機管理体制を早急にシステム化しておく必要がある。

3節　性をめぐる問題

1. 性のあり方をどのように捉えるか？

援助交際・増える性感染症・性交渉の低年齢化・望まない妊娠の増加など性にまつわる問題は後を絶たない。生徒に「妊娠したがどうしたらいいか？」，「同性愛で悩んでいる」，「HIVに感染している彼（彼女）とどうした

表8-1　性教育のこれまでとこれからを概観するための一覧表

項目・テーマ		これまで	これから
1	月経指導	女子のみ対象。スライド・ビデオ依存，母になることの強調。	男女共習。具体的な悩みやトラブルも取り上げる。大人になっていく，自然で健康なこと。
2	性差	女と男は違う生きもの。男女の心理などを固定的，類型的に扱う。	女と男は似ている。性差よりも個人差や個性に注目させる（女も男もいろいろ）。
3	性役割	性役割分業の肯定・礼賛。「特性」という名による"区別"。	性役割の克服，補完，交代に積極的に導く。パートナーシップに着目。
4	性交	基本的に扱わない。扱う場合も受精など生殖の性に限定。	生殖の性はもとより，触れ合いを核とした楽しみ合う性，コミュニケーションの性についても取り上げる。
5	性の快楽性	否定，隠蔽。	肯定。性のもつ重要な意味として，そして，その難しさについても（相互性）。
6	避妊	遊びの性と結びつけて詳しく扱わない。知ると悪用すると考える。	あいまいさを残さない正確な知識。知識とともに人間関係が決め手。性に関する大切な能力。知って使えば活用。
7	人工妊娠中絶	犯罪，人殺しという言葉を使ったり，不妊など後遺症の強調。女性へのたたりなどの脅し。	悲しいことだが，大切な選択としてあるべきこと。自分のことは自分で決める，そして早い決断。人間関係の見つめ直しへ。
8	出産・出生生命の誕生	神秘，奇跡への傾斜，母への感謝，母子一体の賛美。	生命の科学として見つめさせる。生命の仕組，システムのみごとさ，感動。母子の共同作業，周囲の援助。
9	母性について	本能的に女性に備わったもの。女性＝母性の美化，絶対化。	本能ではなく，創られるもの育つものとしての母性，そして父性。
10	結婚・離婚	結婚万能＝幸福。離婚＝落伍，非難，悪。	結婚も一つの選択，努力によって育て合うもの。多様な共生のスタイルの一つ。離婚＝悲しみを乗り越えた再スタート。
11	家族	生む・生まれる，血のつながり。ハッピーで当たり前。自然にわかり合えるもの。	育て育てられる，さまざまな形の家族。育て育てられる相互関係のなかで創造される人間への理解への学習の場。社会の諸矛盾の吹き溜まり，育て合うもの，そしてやがて解体・再編するもの。
12	マスターベーション	やむをえないことだが，しすぎないほうがよい。女子はしないほうがよい（もっと以前は，してはいけないことであった）。	一つの性行為・性表現として肯定して受け入れさせる。男女ともに自己の性やからだになじみ，愛着を深める積極的な意味がある。
13	性情報・性文化	ポルノ，エロスなど性や裸体に関するものを一括して否定。	対等性，相互性，人権の視点で見分ける力，感性を育てることを課題とする。
14	中・高生の性交	否定，不純，遊び，非行視。	自己決定にまかせる。自己決定力を育てる意味からも学習の重視，実りあるものへ。

出所：村瀬幸治　1990『性教育のこれまでとこれから』大修館書店，第8章章末綴込み資料より。

	項目・テーマ	これまで	これから
15	生徒指導の考え方（性に関して）	学校生活との両立を認めず，学習権の剥奪へ。善か悪かを裁く。	プライバシーを尊重し，自己責任の立場で指導，援助。 生活全体の見つめ直し，幸か不幸か（本人にとって）考えさせる。
16	トラブル・失敗（性に関して）の捉え方	敗北，落伍，傷。 マイナスとしかみない。	失敗はしないほうがよいが，それもプラスにできる。一つの経験として受け入れ，励まし，立ち直らせる。
17	男女関係の見つめ方	危険性，トラブルの意識を強調。隔離（近づかせない）。	共生へのトレーニング，人間関係を育てる観点で見つめさせる。
18	障害者の性 高齢者の性	性的存在としてみない，無視する。またその性表現を軽蔑する。	人権や生きがいの立場から積極的に位置づける。障害者の場合，妊娠，出産，育児の手助けや保障について考えさせる。
19	売買春	風俗として捉える。なかには必要悪という考え方をする。 女性への差別視，上下半身の分断。いずれにせよ教育のテーマにはしない。	搾取，性差別，人権を侵すものとして，社会のあり方と重ねてとらえさせる。 具体的な売買春の事実を伝え，自らの選択力やモラルを育てる。
20	同性愛	否定，蔑視，差別視，風俗として扱う。	肯定，自由。多様な性表現を受け入れる。人権として扱う。
21	男子の性	「狼」になぞらえる。攻撃的，衝動的。 痴漢，強姦の可能性をにおわせて，警戒すべきものとする。	葛藤の多い性。いろいろな男性がいる。もろさ，弱さなどそれぞれの個性に気づかせる。妊娠させる性の意識化。
22	少数者の性	「異常」として正面からとり扱わない。風俗として興味本位に取り上げ，蔑視する。	異常とか好奇の目で見つめるのではなく，人間の性の多様なあり方として考えさせる。
23	性行為感染症（エイズを含む）	感染の経路や治療のことよりも発症した性器を示したりして恐怖心を与え，性に近づかないよう警告するために扱われることが多かった。	感染症に対して正確に科学的に理解させ，理性的に対応するよう指導する。また感染から守るにはどうしたらよいか，についても考えさせ，いたずらに恐怖心をもたせない。さらに感染者に対する偏見を育てないよう特に注意する。エイズはもとより，クラミジア感染症，性器ヘルペスなど新たな感染症についても正確な情報を伝え，自らの性行動のあり方について考えさせる。
24	セックス観	本能の性，排泄の性という捉え方をする。 エゴイスティックで否定的。	さびしさ，触れ合いなど人間関係として捉える。学習，文化の性，学ぶことで深まる。
25	性の接近，親しさの表現	性交（intercourse）にこだわる。	さまざまなコミュニケーションをイメージさせる（タッチング，ペッティング，会話なども）。
26	性教育への姿勢	なるべく知らせない，教えない。まだ早いとか知るとかえって好奇心をつのらせると考える傾向が強い。	正しく深く知ることによって選択力が育ち，その結果かえって性行動に慎重になると考える。
27	性教育の方向性	禁止，抑圧，近づかないようにさせたい。（－）に陥らない。問題行動を起こさない教育。	自己決定，自己選択の力，共生の力を育てる。いかに近づくか。（＋）を重ねる。最も自分らしい性のあり方を考えさせる教育。

らよいか？」,「何歳でセックスしたらいいの？」などの相談を受けたときに教員は何と答えられるであろうか？　これらの問題に直面したときに，教員やカウンセラー自身の性に対する価値観が大きく問われることになる。

　性をタブー視した結果，非科学的な性の知識に振り回され，自らの性のあり方を見つめる機会もなく，心と身体を傷つけてきた子どもが大変多いことを反省すべきであろう。性教育をいのち（自己尊重・他者尊重）を教える教育として捉え，性の自己決定権を育てるための科学的な性教育のあり方を模索していく必要性があろう。

2. 性教育のあり方（性教育は「生」教育）

　性教育は「生教育」である。つまり，性教育を学ぶことは生きることを学ぶことに通じるともいえる。カウンセリングで相談を受けていると，そのほとんどが性の問題と関連している。子どもの電話相談で最も多い相談内容が性にまつわることである。しかし，性は生きていくうえで切り離せない重要なテーマであると認識しながらも，十分な性教育がなされていないのが日本の現状である。性教育は小学校3年までに正しい知識をその年齢の発達に見合った言葉で教育していくと，性を自然に受け止め，むしろ自己責任感のある判断ができるようになるとの現場からの報告がある。

　性教育には，①生殖をめぐる性（妊娠・出産・避妊・中絶），②性差・個人差—生物学的性差と社会学的性差—，③マイノリティの性，④性感染症の知識（予防と治療），⑤性犯罪と人権問題，⑥性と共生—パートナーシップのもち方—など多岐にわたるテーマが内包されている。自らの性のあり方を「自己決定していく力」を獲得させるためには開かれた性教育が必須であろう。性の問題をいたずらにタブー視することなく，性に関する適切な知識・情報を含めた科学的な性教育を子どもの発達段階に合わせて行うことが強く求められているといえよう。

4節　自殺をめぐる問題

1. 子どもと自殺

　自殺（あるいは「自死」）はそもそも不幸な出来事であり，本人や遺族への配慮から自殺に至るまでの詳細は公表されないことが多い。日本の自殺死亡率の年次推移（図8-1）を見ると，1998年以降～2009年まで25～27ポイントで推移しており，特に40代以上の男性の自殺率が特に高かった。2018年では16.5（自殺者数は2万840人）となり，9年連続の低下となっている。1981年から開始された自殺統計で過去最少となった。

　親が自殺死した場合，子どもの心に深刻な傷を残すことがわかっている。自殺死亡者の遺児の3割は「自分のせいで親が自殺した」，「残された片親も自殺するのではないか」と感じ，遺児の2割が「自分も死ぬのではないか」という不安をもっている（厚生労働省，2002）。

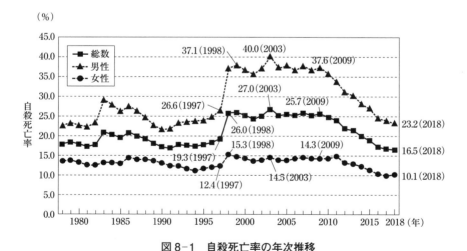

図8-1　自殺死亡率の年次推移

注：自殺率は，人口10万人当たりの自殺者数を示す（自殺者数÷人口×100,000人）。
出所：厚生労働省社会・援護局総務課自殺対策推進室：警視庁生活安全企画課（2019）。

1）予防的対応

　辛い思いをもたらすトラブルが解決されれば，子どもは自殺まで思い詰めることはない。自殺の予防とは，まず，子どもが安心して過ごせる日常生活を確保することである。そのうえで，学校でも「死」という誰にとっても不可避の問題を取り上げ，自殺問題もタブー視せずに語り合える機会をつくることもよい。よい意味で「死」に対する“心の免疫”ができるし，「深刻な事態になったら相談できるのだ」という安心感を子どもに与えることができる。関係機関や専門家と連携して教示や支援を得ること，子どもたちの相談に応じられるスクールカウンセラーを確保することも重要である。

2）緊急対応

　2018 年度の児童・生徒・学生の自殺者数は表 8-2 のとおりである。また未成年者のみでは 568 件の自殺が発生している（警察白書，2019）。自殺未遂者は，統計的な把握はできないが，自殺既遂者の数倍から数十倍存在すると考えられており事態はさらに深刻である。

　学校などで不幸にして自殺が起きた場合，他の子どもたちの動揺や不安を軽減させることが必要となる。担任，養護教諭，スクールカウンセラーなどを中心に組織的な緊急支援体制を組んで対応に当たらなければならない。特に自殺者と近い関係にあった子どもには，個別のきめ細かい援助が必要である。

　前記の通り，親が自殺してしまった遺児が発生した場合の緊急支援も同じ

表 8-2　児童・生徒・学生の自殺者数（2018 年度）

	小学生	中学生	高校生	専修学校生等	大学生	学生・生徒等計
人数	7	124	238	107	336	812
構成比（%）	0.03	0.60	1.14	0.51	1.61	3.90
男	4	77	140	74	242	537
女	3	47	98	33	94	275

出所：警察白書　2019　平成 30 年中における自殺の状況資料。

く重要である。対応を誤ると「後追い自殺」，複数の人々に自殺が生じる「連鎖自殺」や「集団自殺」に発展することもあり得る。

2. 自殺を見過ごさないために（自殺までの5段階）

　自殺は突然に起きるものではなく，いくつかの心理状態をたどることがわかっている。この過程はなかなか外部から見えにくいので，周囲の者は，自殺行為が突然生じたように感じ，驚くことになるのである。

　自殺を考え始めてから（自殺念慮），実行に至るまで（自殺企図），便宜的に5段階に分けて示す（図8-2）。

1）　第1〜2段階

　「学校を休みたい」，「転校したい」など訴えが始まる。この訴えが聞き届けられないまま苦痛と疲労が重なると，「死にたい」ともらすようになる。「遠くへ行ってしまいたい」とか「もうダメだ」など婉曲に語られることもあり，こうしたSOSの言葉を聞き逃してはならない。この段階では相当に

第1段階 （現実的訴え）	「休みたい」「学校・仕事を変わりたい」など具体的願いが訴えられる。
第2段階 （SOS）	追い詰められて「死にたい」「もうダメだ」など訴える。
第3段階 （逡巡）	自殺を現実的に考え始める。 実行はためらわれる。
第4段階 （覚悟）	自殺手段の選択，別れの準備（遺書，身辺整理など）を始める。
第5段階 （決行）	自殺直前に身近な人に予告する場合もある。

図8-2　自殺までの5段階　（宮前）
注：↑↓は，対応如何でどちらにも移行し得ることを示す。

ていねいな対応が必要である。「死にたい」というよりほかに表現のしようがないほど大変な状況に追い詰められている。まず十分な休息を与えること，子どもが置かれている情況とその辛さをよく理解することが重要であり，そのうえで必要な援助を開始する。

2) 第3〜5段階

　第1ないし第2段階で，休息や周囲の理解が得られないと，揺れや迷いの時期（逡巡）を経て「死を覚悟」する段階へ進む。いよいよ覚悟を決めると周囲に口をつぐんでしまい「死にたい」という言葉が減ることが多く，本心が見過ごされやすくなる。遺書を書く，身辺の整理をする，自殺道具（薬，ロープなど）を用意するなど決行の準備が進むことになる。それでも親しい者に「遠いところへ行くことにした」などともらしたり，普段大切にしているものをあげる（形見分け）などのサインが見られることもある。なお，遺書が残されるケースは，20歳未満では30％程度である。なお，どの段階にあっても適切な対応がされれば実行を回避することはできる。

3. 自殺は繰り返される

　一度自殺を考えたことのある人，自殺未遂経験のある人は，繰り返し自殺を考え，実行する傾向がある。「一度自殺を図った者は二度と実行しない」という認識は誤りで，自殺未遂者こそ再度自殺を図ることが多いことが統計的にも知られている。自殺未遂直後，周囲が騒ぎ立て「馬鹿なことをしでかして！」と，とがめるばかりの場合，再実行されやすい。幸い未遂で終わった場合には，いのちを取り止めたことに感謝し，十分な休息を与え自殺に至った辛さ，悲しみを理解する「聴き手」がそばに付き添うことが大切である。

5節　統合失調症

1. 統合失調症とは

　DSM-5では「統合失調症スペクトラム」としてまとめられている。発症

は思春期から20代に多く，発症率に男女差はない。生涯有病率は国や地域による差は少なくほぼ1％弱である。なんらかの生物学的素因（神経の過敏さ，ストレスに対する弱さなど）と，社会的要因（特に対人関係上の緊張）が重なって発症すると考えられている。

【発症経過の一例（被害妄想が強い場合）】

　元来，まじめで内向的な性格の人が青年期になり，人の視線が気になって「みんなが自分の悪口をいっている」といって自室にひきこもりがちになる。数ヵ月して「近所の人が自分を監視している，自分の悪口が放送されている」といって，部屋中の窓を閉め切って過ごし始める。家族が声をかけても反応がなかったり，ときどき1人でニヤニヤしたり，突然大声で怒鳴ったりする。対人関係に対する敏感さは失われないが，通常の対人関係が維持できなくなってきた。

2．症状と治療

　中核的な症状は表8-3の通りであるが，統合失調症は適切な治療がされず慢性化すると，人格の機能低下を招くおそれがあり，発症まもない急性期の早期発見，早期治療が望まれる。

　急性期，慢性期ともに薬物療法，精神療法の並行治療が必要である。加えて急性期には生活環境の調整，慢性期には社会復帰に向けて心理社会的療法（集団精神療法，作業療法，生活技能訓練など）が望まれる。精神科での入院治療からスタートし，状態によって通院治療に切り替える場合が多い。

表8-3　統合失調症の中核症状（DSM-5）

中核症状	①妄想 ②幻覚 ③まとまらない思考・会話（頻繁な脱線または滅裂） ④ひどくまとまりのない，または緊張病性の行動 ⑤陰性症状（感情表出の減少・意欲の欠如）
上のうち2つ以上が1ヶ月（治療が成功した場合はより短い期間）以上ほぼ常に存在する。そのうち少なくとも1つは①か②か③である。	

●参考文献

American Psychiatric Association（APA）2013 *Diagnostic and Statistical Manual of Mental Disorders*, Fifth Edition（高橋三郎・大野 裕監訳　2014『DSM−5精神疾患の診断・統計マニュアル』医学書院）

Figley, C. 1978 *Stress disorders among Vietnam veterans: Theory, research and treatment implications.* New York：Brunner/Mazel

ハッセル，B. V. B. & ハーセン，M. 編著（坂野雄二／不安・抑うつ研究会編訳）　2000『エビデンス・ベイスト心理治療マニュアル』日本評論社

広常秀仁　2002「子どもの PTSD」『発達』No. 90, Vol. 23

警察白書　2019　平成 30 年中における自殺の状況資料

小牧 元　2001「飽食の時代の飢餓」『こころの科学』No. 97

厚生労働省　2002　自殺防止対策有識者懇談会報告「自殺予防に向けての提言」

厚生労働省　2019　厚生労働省における摂食障害対策

村瀬幸浩編著　1999『ニュー・セクソロジー・ノート』十月舎

NHK 教育テレビ　2004　きょうの健康「統合失調症─進む治療」

酒井 肇・池埜 聡・倉石哲也ほか　2004『犯罪被害者支援とは何か』ミネルヴァ書房

杉村省吾「震災によるトラウマいまだ深く」『兵庫県臨床心理士会ニュースレター』No. 13

第9章

発達障害と学校適応支援

　本章では，学校における適応支援に深い関連をもつ発達障害の問題を取り上げる。神経発達症群（DSM-5）に含まれる各種の発達障害はスクールカウンセリングにおいても関わる機会が多い。最初に発達障害に関する基礎的な事柄を述べ，代表的な障害である知的能力障害（知的発達症）と自閉スペクトラム症について説明する。さらに，知的能力の障害を伴わない各種の発達障害と，特別支援教育の取り組みについて説明し，スクールカウンセリングの観点から学校適応支援のあり方について述べる。

1 節　発 達 障 害

1．発達障害とは

　発達障害は発達の早期に発見され，診断されることが多い障害の総称である。そのため，学校場面で発達障害の特徴が見られる児童生徒と出会うことは稀ではなく，さまざまな学校適応上の問題に発達障害の要因が関係していることがある。なかには性格傾向や一時的な心因反応と判別しにくい特徴も見られるので，スクールカウンセリングでは発達障害に関する知識が不可欠である。ここでは精神医学領域の診断・統計マニュアルとして広く用いられている米国精神医学会（APA）編の DSM-5（APA, 2013）を参照しながら，発達障害の概要について整理しておく。世界保健機関（WHO）の国際疾病分類も，2018 年に新しいバージョンとなる ICD-11 が公表されたので併せて参照されたい。

　発達障害の要因としては，発達期に中枢神経系に生じた何らかの器質的・

133

機能的障害が存在することが推測される。基本的に心理的要因（心因）だけで発症することはないと考えられるが，不適切な養育環境などによって知的発達や情緒的発達が遅れたり，阻害されたりすることがある。

　発達障害の代表的な例として，知的能力障害と自閉スペクトラム症があげられる。さらに限局性学習症や注意欠如・多動症などのように知的能力障害を伴わない発達障害がある。わが国の発達障害者支援法（2016年改正）に定義された「発達障害」には支援法上の制度を異にする知的能力障害が含まれていないが，いずれも DSM-5 の神経発達症群に含まれる障害である。それぞれについて以下に説明する。

2. 知的能力障害（知的発達症）

　知的能力障害（Intellectual Disability）はよく知られた障害の1つであり，早くから医療・福祉や教育などによる支援の取り組みが行われてきた。知的能力障害は，発達期に発症し，標準化された知能検査などで確かめられる知的機能や，社会生活を送る上での適応状態，社会参加や自立した生活などにおいて，困難や限界が認められる場合が該当する。障害の程度によって軽度・中等度・重度・最重度に重症度を区分することがある。調査によって差はあるが，有病率は一般人口の約1％程度と推定されている。

　知的能力障害をもたらす要因は，先天性代謝異常，ダウン症候群などの染色体異常，妊娠期や周産期に発生した異常や障害，あるいは罹患した病気や事故などの後遺症による知的機能の障害，その他原因不明のものなど多様である。知的能力障害はさまざまな要因によって引き起こされた結果としての状態像を示すと考えられる。そのため，図9-1に例示したように，後述する自閉スペクトラム症に知的能力障害が伴う場合などのように，知的能力障害が他の障害や疾病と合併することがある。

　知的能力障害の診断に関連する社会生活能力には，安全や健康の管理，着脱衣や排泄，入浴などの身辺処理のほかに，他者とのコミュニケーションや交通機関の利用など，さまざまな社会生活場面で必要となる知識や技能が含

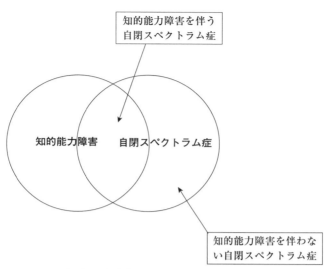

知的能力障害を伴う
自閉スペクトラム症

知的能力障害　　自閉スペクトラム症

知的能力障害を伴わな
い自閉スペクトラム症

図9-1　知的能力障害と自閉スペクトラム症との関係

まれる。そのため，養育環境の影響によって心身の発達が遅れたり，社会生活に必要な基礎的技能の習得が阻害されたりした場合にも，同様の障害が生じる可能性がある。また，知能検査を構成する課題項目には，一般常識や学校で習得するような知識問題も含まれることがあるから，社会経験や教育環境によって検査の結果が変動する可能性がある。知能検査の結果によらず，特段の支障がなく社会生活を送っているなら，「知的能力障害」と診断する必然性はないともいえる。知的能力障害はそうした実際的な社会生活面の適応状態と関連する側面をもっていると考えられる。

3．自閉スペクトラム症（自閉症スペクトラム障害）

　自閉スペクトラム症（Autism Spectrum Disorder）はコミュニケーションや対人関係面に特徴が見られる障害である。有病率は人口の1%に及ぶといわれている。また，女性に比較して男性に多いことが知られている。図9-1で示した通り，知的能力障害などを合併する場合がある。

米国のレオ・カナー（Leo Kanner）が最初の症例報告を行ったのが 1943 年であり，歴史的には比較的新しく認知された障害といえよう。初期には精神障害の統合失調症との関連性が考えられたことがあり，親子関係に発症の原因を求める心因論的仮説などもあった。そのため，さまざまな障害論や治療論が混在した時代があった。

　自閉スペクトラム症には，視線の合いにくさや，表情や身振りなどによる意思疎通の難しさなどの特徴が見られる。言語発達が遅れることがあり，言葉が話せるようになっても，平板なイントネーションによる会話や，相手の言葉をそのまま繰り返す「おうむ返し」，あるいは同じ質問を何度も繰り返すなどの特徴が見られることがある。そのため，会話は断片的なものになりがちで，コミュニケーションや対人関係面での困難が大きくなることが多い。

　また，文字や記号，あるいは機械類などに強い関心をもったり，それらが掲載された図鑑やカタログ類を好んだりする様子が見られることがある。一方，想像上の役割を演じて楽しむ「ごっこ」遊びや，積み木を乗り物や人に見立てて遊ぶような想像的活動が難しい面がある。また，物の配置を同じに揃えようとしたり，同じ服を着たがったり，いつも通っている道順を変更することに抵抗を示すなどの，こだわりが見られることがある。

　手をヒラヒラさせる，手指をくねらせる，身体を揺らしたり回転させるなどの常同・反復行動が見られたり，手で水をすくって落とすなどの水遊びなどに熱中することがある。あるいは，音を嫌がって両手で耳をふさぐなどの行動が見られることがある。そうした様子から，音や光などの刺激や身体感覚などに独特の感受性をもっていると推測されている。授業中に席を立って動き回るなどの多動傾向や衝動的行動が見られることもあるが，そうした行動を引き起こす刺激に，周囲の者が気づかないでいる場合も多いと考えられる。学校は騒音や刺激に満ちた場所なので，自閉スペクトラム症の児童生徒にとってはストレスの多い環境といえるかもしれない。

4. 知的能力障害を伴わない発達障害

　従来「アスペルガー障害」や「高機能自閉症」と呼ばれていた自閉スペクトラム症の一群は知的能力障害を伴わないことが特徴である（図9-1参照）。また，限局性学習症（Specific Learning Disorder）や注意欠如・多動症（AD/HD：Attention-Deficit/Hyperactivity Disorder）も知的能力障害を伴わない発達障害である。それらの障害は全般的な知的能力には発達の遅れが見られないので気づかれにくく，行動の特徴も性格や躾（しつけ）の問題と誤解されることが多かった。そのため，不適切な働きかけや指導を受けたり，適切な支援を受けられなかったりすることもあり，学校場面で適応上の問題を抱えやすい面があると考えられる。不登校ケースのなかにも，これらの発達障害の特徴が見られる児童生徒が多数含まれていると考えられる。こうした発達障害に対する認識や理解が広まり，特別支援教育の体制が整えられるようになった（文部科学省，2003）。以下に個々の障害について説明する。

1)　アスペルガー障害と高機能自閉症

　アスペルガー障害の臨床像には，言葉の発達に遅れがなく，知的能力障害を伴わないなどの特徴がある。高機能自閉症も知的能力障害を伴わない自閉スペクトラム症と考えられる。精神医学の診断・統計マニュアルのDSM-Ⅳには「アスペルガー障害」があげられているが，「高機能自閉症」という診断名はない。自閉スペクトラム症という包括的な診断概念を取り入れた現行のDSM-5では「アスペルガー障害」という診断名はなくなっている。こうした診断名の違いや変化には日々の研究や治療・支援の変遷などの事情が反映している。しかし，実際には，様々な場面で以前の診断名が使われることも少なくないので注意が必要である。

2)　限局性学習症（限局性学習障害）

　限局性学習症は，年齢や教育環境，全般的な知的能力（知能）から期待される文字や文章の読み（読字）や書き（書字表出）の能力，あるいは算数（計算や数概念の理解）の能力に，大きな落ち込みがある場合が該当する。それらの特徴に応じて読字の障害・書字の障害・算数の障害などを伴うものに分類さ

れる。教育環境に恵まれなかったために学力が習得されていない場合などは
この障害には該当しない。また，知的能力が知的能力障害の範囲に入る場合
でも同様の特徴が認められることがあるが，その際には知的能力障害を考慮
した理解と配慮が必要になる。有病率は学齢期の子どもにおいて5〜15％，
成人においては不明な点が多いが約4％と推定されており，女性に比較して
男性に多いことが知られている。

　限局性学習症の背景には，読み・書き・算数に必要な認知的情報処理過程
に障害があると推測されている。言語や数を操作して考える課題や，組み立
てパズルのような空間操作を要する課題などで構成された知能検査（WAIS
シリーズなどが代表的）を実施すると，障害の特徴に応じた検査領域の成績に
落ち込みが認められる。

　読字の障害は，文字を識別することが苦手だったり，文字をスムーズに続
けて読めなかったりするなどの困難があるため，本を読むことが難しい。書
字の障害は，文字をうまく書き写せなかったり，綴りを覚えられなかったり
するなどの困難があるため，文章を書くことが難しい。算数の障害は，数を
数えることや数的な推論が苦手だったり，計算の手順がわからなくなったり
するなどの困難がある。これらの技能は学校における教科学習の基礎である
から，限局性学習症は学校適応上の大きな困難につながりやすい。

3）　注意欠如・多動症

　注意欠如・多動症は，注意を持続させたりコントロールすることが困難で，
見落としなどの不注意が目立ったり，些細な刺激で注意が逸れたり，次々と
別のことに関心が移ったりするなどの特徴がある。そのため，忘れ物が多か
ったり，整理整頓が苦手だったり，よくケガをしたりすることがある。しば
しば衝動的に振る舞い，学校の教室場面などでは落ち着いて席に座っている
ことができずに立ち歩くなどの行動も見られる。注意欠如・多動症かどうか
を判断するためには，それらの特徴が6ヵ月以上持続しており，異なる場所
や場面で同様の行動が見られるなどの特徴を見きわめることが必要である。
子どもたちの落ち着きのなさや不注意，衝動的な行動などは一般に見られる

特徴であり，小学生が授業に集中できず，授業中に立ち歩くなどの様子はさほど珍しいものではない。学習や活動の内容によっては落ち着いて取り組む様子が見られたり，家では普通に過ごしていたりする場合は，興味・関心の傾向や活動状況に応じた一時的反応と考えられる。

　注意欠如・多動症には，不注意の特徴が強く見られるタイプ，多動性や衝動性の特徴が強く見られるタイプ，両方の特徴が混在するタイプなどがあり，それらの特徴が変化することもある。年齢が上がるにつれて特徴が目立たなくなるケースもあるが，障害の特徴が成人期以降にも残る場合がある。有病率は子どもの約5%，成人の約2.5%であり，女性に比較して男性に多いことが知られている。

2節　スクールカウンセリングにおける発達障害支援

1．スクールカウンセリングにおける発達障害支援の捉え方

　スクールカウンセリングでは，発達障害や特別支援教育の専門家が行うような直接的な治療教育的支援は行わず，学習環境や対人関係面などに関わる学校生活における適応支援が基本的な取り組みとなる。

　適応状態は個人と環境との相互作用によって規定される。つまり，発達障害などを含む個人要因と環境要因との相互作用によって，学校生活における児童生徒の適応状態が生まれると考えられる。さらに，その適応状態が個人要因と環境要因の双方に影響を与えるという循環的な連関性がある。そのため，発達障害の特徴が見られる児童生徒に何らかの適応困難が生じた場合でも，発達障害の要因だけを取り上げて問題視することは，問題の全体を見失わせる危険性がある。発達障害はあくまで要因の1つであるから，児童生徒を取り巻く人間関係や，教科内容や教員の指導方法，学校の物理的環境などの諸要因を考慮しながら，適応状態を全体的な視点から検討することが必要である。

　服薬などによって適応に改善が見られる場合があるが，一般に発達障害自

体は医療的に治癒することが困難であり，教育・支援方法や生活環境を工夫・整備して，適応状態を改善する取り組みが不可欠となる。発達障害は個人特性として目立つ要因ではあるが，それだけを過度に意識していると，スクールカウンセリングにおける支援の基本を見失う危険性がある。児童生徒が信頼と安心感をもつことができる身近な相談相手となって，支援するための方法や機会を的確に提供することが対応上の基本的なポイントになる。

2. 診断と支援

　小学校に就学した後に，学校生活上の適応状態から発達障害が推測されることがあるが，病院や専門の相談機関などで診断を受けていないケースが少なくない。そのため，学校側から保護者に対して受診を勧めることもあるが，当事者にとっては重い問題である。診察を受けることを含めて，発達障害に向き合うことは相当の覚悟を要し，障害の理解や受け入れ（障害受容）にも時間を要するのが普通である。発達障害の診断を受けることが，処遇上の不利益を招くのではないかとの懸念を本人や保護者が抱くこともある。発達障害の診断の必要性を検討する際には，本人・保護者と教員やスクールカウンセラーの双方が，その目的を理解し，対応や支援の方針を共有しておく必要がある。本人にとって実り多い学校生活にするための支援の手立てを工夫・促進するなど，本人や保護者にとって有益であることが前提であり，本人や保護者の意思や気持ちを優先した対応をしなければならない。

　発達障害が推測される場合には，教員とスクールカウンセラーが困難に応じた対応や支援方法について検討を行い，普段の教科指導や生活指導の延長として，やれることから工夫し実践する必要がある。実際には，診断が確定していなくても学校の日常活動のなかで対応できることは多い。発達障害について素人判断することは危険であり，避けなければならないが，児童生徒の普段の学校生活の様子から教育的配慮を工夫することは可能である。そうした働きかけの効果を見ながら，児童生徒の特徴について理解を深めていくことになる。

支援においては，取り組みの様子や成果を保護者に伝えながら，必要な事柄について協力を依頼する。たとえば，専門機関や専門家と連携するなどの取り組みが必要になった場合には，本人と保護者の了解や協力を求めたうえで手続きを進める。また，補助の教員や支援スタッフによる複数指導が可能な場合には，個別支援を検討することになるが，支援スタッフが付き添ったり，他の生徒と異なる教材を使ったり，他の教室を利用したりすることに対して，本人や保護者が抵抗を感じることがある。個別支援を検討する際には，その方法について事前に本人や保護者と相談する必要がある。将来に予想されるさまざまな困難や，進路などの問題については，具体的な支援の取り組みを行うなかで，時間をかけながら相談を進めていく必要がある。

3. 発達障害ケースに対する心理的支援

　発達障害の種類にかかわらず，知的能力は学習や生活面に大きく影響する要因である。知的能力障害の範囲に該当しない場合であっても，知的能力が境界水準にあれば，学習内容を十分に理解することが難しくなってくることがある。対人関係面や行動上の困難が伴うと，2次的な適応上の問題も起きやすくなる。学習面や友人関係での困難や失敗経験などが続くことによって自己評価が低くなり，なぜ自分はうまくやれないのか悩むなど，自己概念（self-concept）をめぐる不全感情や混乱が生じるおそれがある。自分の特徴を理解するための適切な支援が得られないと，思春期や青年期における発達課題の1つである自我同一性（ego identity）をめぐる心理的危機に直面する可能性もある。スクールカウンセリングでは，そうした問題を含む心理的支援を行うことになるから，発達障害の特徴を十分に理解したうえで，必要に応じて専門機関とも連携しながら対応していく必要がある。

4. 知的能力障害を伴わない発達障害ケースへの支援

　スクールカウンセリングでは，知的能力障害を伴わない自閉スペクトラム症や限局性学習症，注意欠如・多動症などをめぐる相談に対応する機会も多

い。ここでは，知的能力障害を伴わない発達障害をめぐる支援の基本となるポイントについて述べておく。

　学校は騒音をはじめとするさまざまな刺激に満ちた環境なので，見たり聞いたり，注意を向けたりするなどの認知的な情報処理を的確に行う必要がある。今，どのような活動をしているのか，これから何をするのか，それにはどのような準備や心構えをしておけばよいのかなどの見通しをつけるために，手がかりとなる情報をこまめに補う必要がある。そうした支援によって困難や不安を軽減し，心理的な安定を図ることができる。一斉指導による声がけや注意だけでは，うまく指示を受け止められない可能性があるので，補足的な指示や説明などに配慮することが必要になる。その際には，言葉で説明するだけでなく，図や絵，写真などを用いて，理解しやすい情報伝達の方法を工夫する必要がある。日頃から，日課や活動スケジュールをそうした視覚的方法でわかりやすく表示しておくとよい。活動内容によっては，事前にリハーサルを行うことも有効である。

　自閉スペクトラム症の特徴が見られるケースの場合には，予定外や予想外の状況に対処することが苦手な面があるから，予定の変更がある場合には早めに知らせておいて，その場になって混乱させない配慮が必要である。止むを得ずそうした状況になった場合には，個別の支援によって不安感を軽減してやる必要がある。

　多動傾向があり，落ち着いて授業を受けられないなどの様子が認められる場合には，注意の集中が途切れないように適切な声がけを工夫したり，学習内容を少量・短時間ごとの小単位に区切ったりするなどの授業方法の工夫も必要になる。

　限局的学習症でなくても，教科の得意・不得意にバラツキが認められることがある。不得意な分野を過度に問題視することは苦手意識を助長することになりかねない。得意・不得意の特徴を見極めたうえで，得意な教科や特技を支えとして学習全般に対する動機づけを失わせない配慮が必要である。学習支援を行ううえで，認知能力の特徴を知るために心理検査が必要と判断し

た場合には，必ず本人と保護者に提案して，理解と協力を得ることが必要である。この点は本節の2で述べた対応の心構えと共通する。心理検査は病院や発達相談などの専門機関に依頼して，専門の心理職が対応することが基本である。

　ほかの児童生徒とのコミュニケーションがうまくゆかず，誤解や曲解が生じることがあり，それがケンカやいじめなどのトラブルに発展する場合がある。そういうときには，本人の気持ちを汲んだ対応をしたうえで，気持ちが落ち着いた頃合を見計らって，トラブルの相手側の考えや気持ち，トラブルが起きた状況や理由などをわかりやすく説明してやることが大切である。そうした対応が，適切なコミュニケーション・スキルを学習する機会ともなる。他者の意図や感情を推し量る練習や，対人関係場面における対人関係スキルを学ぶ個別の機会を提供することなども大事な支援となる。

　学校生活全般において失敗や不快な経験を重ねることが多いことが予想されるから，カウンセリングによって気持ちを支えてやりながら，自分の得意な点や不得意な点を理解する手助けをすることも重要である。ともすると進級や卒業が気になって，早く結論を出そう，解決しようと，取り組みを急ぐことがあるが，本人や保護者の意思や気持ちを優先して，焦らずに対応する必要がある。

5. わが国の特別支援教育とスクールカウンセリング

　文部科学省は，障害の種類や程度に応じた特別な学校や学級で教育を行う特殊教育体制を見直して，一般学級に在籍する発達障害がある児童生徒にも支援の対象を拡大した特別支援教育へと教育制度の転換を図った（文部科学省，2003，2007）。特別支援教育では，児童生徒の自立や社会参加に向けて，個々の教育的ニーズを把握し，生活や学習上の困難を改善・克服するための必要な支援を行っている。そのため，発達や障害，カウンセリング的対応の知識をもち，福祉や医療機関との連絡調整の役割や，保護者に対する学校側の窓口となる特別支援教育コーディネーターが学校に配置されている。また，

従来の盲・聾・養護学校を特別支援教育の専門機関である特別支援学校に転換して，地域における教育・福祉・医療機関との連携・協力の仕組みを工夫しながら支援を行っている。

　学校内の支援体制としては，少人数指導や個別指導を行うための補助スタッフを配置するチーム・ティーチング（TT）制度を活用したり，学習支援や自立活動支援などを行う通級指導を行ったりするなどの支援策が工夫されている。小・中学校だけでなく，幼稚園や高等学校，さらに大学における支援の取り組みも進んでいる。

　不登校ケースのなかにも発達障害の特徴が見られる児童生徒が多数含まれているから，個々の児童生徒の特徴を理解するという基本的な視点に立って，発達障害の要因に配慮しながら，生活と学習の両面から支援を行う必要がある。そのため，学校適応支援の観点から，教育相談／スクールカウンセリングの取り組みと特別支援教育の取り組みの緊密な連携が求められる。

●参考文献

American Psychiatric Association（APA）1994 *Diagnostic and Statistical Manual of Mental Disorders*, Fourth Edition（高橋三郎・大野　裕・染矢俊幸訳　1996『DSM-IV　精神疾患の診断・統計マニュアル』医学書院）

American Psychiatric Association（APA）2013 *Diagnostic and Statistical Manual of Mental Disorders: DSM-5*（Fifth Edition）（高橋三郎・大野　裕監訳　2014『DSM-5　精神疾患の診断・統計マニュアル』医学書院）

宮城教育大学特別支援教育講座編　2019『特別支援教育への招待（改訂版）』教育出版

文部科学省　2003「今後の特別支援教育の在り方について」（最終報告）

文部科学省　2007「特別支援教育の推進について」（通知）

第10章

子どもの心の発達とカウンセリング

　本章では，日々成長しつつある子どもの心を考えるうえで，欠かすことのできない発達課題について論じる。さらに，子どもの心身の問題に関わるときの統合的な視点として，保護者への適切な援助方法をはじめ，学校・家庭・地域システムへのアプローチ法を述べ，援助のプランニングに有用なジェノグラム，エコマップを紹介する。

1節　子どもの心理と発達課題

1. 心の危機の3つの側面
　バルテス（P. B. Baltes）は発達に影響する心の危機を大きく3つに分類している。①発達課題として起こるもの（normative age-graded influences），②個別的／非標準的に起こるもの（non-normative life events），③社会歴史的に標準的な危機（normative history-graded influences）である。発達課題として起こるものは，誰しもが多かれ少なかれ必ず通る道だと考えてよい。1つの発達課題をクリアすると次のステージに進めるという見方である。よって，たとえば反抗期に見られるような発達課題として起こる心の問題はむしろ歓迎すべきで，うまく発達してきているからこそ起こる問題として捉えることが大切である。

1）発達課題として起こる危機
　発達課題は①個人の発達課題，②家族の発達課題に大別される。
　個人の発達課題には，それぞれの年齢でさまざまなものがあるが，たとえば反抗期を例にあげると，第1次反抗期は2歳6ヵ月ぐらいから自我が芽生

表 10-1　ハビィガーストの発達課題 （Havighurst, 1953）

発達段階	発 達 課 題	
乳児期 児童初期 （就学まで）	・睡眠と食事における生理的リズムの達成 ・固形食を摂取することの学習 ・親ときょうだいに対して情緒的な結合の開始 ・話すことの学習	・排尿・排糞の学習 ・歩行の学習 ・正・不正の区別の学習 ・性差と性別の適切性の学習
児童中期 （学童期）	・身体的ゲームに必要な技能の学習 ・積極的な自己概念の形成 ・男・女の適切な性役割の採用 ・仲間と交わることの学習 ・価値・道徳観・良心の発達	・パーソナリティとしての独立と家族との結びつきの弱化 ・基本的読み・書き・計算の技能の発達 ・自己および外界の理解の発達
青年期	・概念および問題解決に必要な技能の発達 ・男・女の仲間とのより成熟した付きあいの達成 ・行動を導く倫理体系の発達 ・社会的に責任のある行動への努力	・変化しつつある身体の承認と効果的な身体の使用 ・経済的に実行しうるキャリアへの準備 ・親からの情緒的独立の達成 ・結婚と家庭生活の準備
成人初期	・配偶者への求愛と選択 ・配偶者との幸福な生活 ・子どもを巣立たせ，親はその役目を果たす ・育児	・家庭を管理する責任をとる ・就職 ・適切な市民としての責任をとる ・1つの社会的ネットワークの形成
成人中期	・家庭から社会への子どもの移行に助力する ・成人のレジャー活動の開始 ・配偶者と自分とをそれぞれ一人の人間として結びつける	・成人としての社会的・市民的責任の達成 ・満足すべき職業的遂行の維持 ・中年期の生理的変化への適応 ・高齢者である両親への適応
老年期	・身体的変化への適応 ・退職と収入の変化への適応 ・満足な生活管理の形成 ・退職後の配偶者との生活の学習	・配偶者の死への適応 ・高齢の仲間との親和の形成 ・社会的役割の柔軟な受け入れ

出所：新井邦二郎ほか　2004『よくわかる発達と学習』福村出版，p. 14 より。

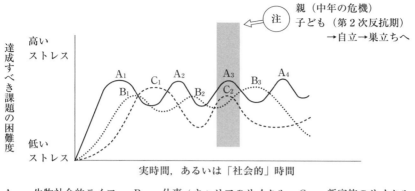

図 10-1　ライフ・キャリア・家族サイクル相互作用のモデル

出所：Shein, E. H.（二村敏子・三善勝代訳）1992『キャリア・ダイナミクス』白桃書房より改変。

えてきた証拠として起こる。12，3歳頃から始まるとされている第2次反抗期もアイデンティティを確立する際に，今まで依存していた大人の社会を一旦否定することから生じる。第1次反抗期も第2次反抗期も，大人への道筋として必要なプロセスである。思春期になって心の問題を抱えやすい子どものなかには，第1次反抗期がないケースが多い。よって，反抗期に関する親への相談では，むしろ「今までしっかりと育ててきたからこそ子どもが反抗できるようになった」，「しっかりと育てた証拠である」と伝えることも大切であろう。

　一方，家族の発達課題も同様に生じてくる。結婚，子どもの誕生，子どもの学校入学・卒業・就職・結婚などのライフステージの節目に家族の危機が起こりやすい。つまり，家族員の人数やシステムに変化が生じるときである。健康な家族はライフステージの節目で揺れながらも新しいステージへ柔軟に

移行していくが，固着した家族はこの時期に問題を呈することがよくある。

　特に，危機が起こりやすいとされている時期は，①第1子が誕生した後や，②子どもの第2次反抗期と親自身も中年の危機が重なるとき，③子どもが家庭を巣立とうとする時期に母親の更年期という心身の変化の大きな時期が重なるときなどである。③は，「空の巣症候群（empty nest）」とよばれ，今まで子育てに専念してきた（母）親が精神的にアイデンティティを失い，揺らぎやすくなる時期である。これらの時期は家族全体が揺れる時期である。

　これらの時期に生じた子どもの問題は家族全体の発達課題も理解したうえで適切に援助していく必要がある。

2)　個別的／非標準的に起こるもの（non-normative life events）

　事故，障害，親の死，貧困，離婚，犯罪，災害，親のリストラ，いじめなどの危機をさし，誰しもが経験するとは限らない。しかも，その状況や時期は，個人によりさまざまな様相を呈する。よって，これらの危機は，個別に受け止めて対処していくことが必要である。

3)　社会歴史的に標準的な危機（normative history-graded influences）

　ある特定の時代を生きた人が共通に体験する危機である。戦争や地域紛争，バブル崩壊，インフレ，不景気などをさす。

2.　子どもの心の発達課題

　子どもの発達理論にはさまざまなものがあるが，ここではフロイト（S. Freud）の発達理論を中心に述べる。

1)　生まれてくるまで

　子どもの性格形成を考えるうえで，まず出産に対する親の期待がどうであったか，つまり，望んで生まれた子か，そうでなかったかが子どもの根幹をなす性格に非常に大きく影響する。それを「ウォンテッド・フィーリング（wanted feeling）」という。歓迎されて生まれた子どもは，自己肯定感をもちやすくなる。初めて出会った親，大人に受け入れられる経験をすることで自分の存在価値を確認することとなり，ひいては他者肯定感を育くむ礎となる。

2) 「口唇期」または「口愛期」

　0歳から1歳半くらいまでを口唇期という。この時期は授乳と離乳を通して，基本的信頼感を養う大事な時期である。授乳を通して，子どもは初めて人との直接の関わりのなかで愛情を得る体験をする。授乳は愛のやりとりの象徴だといわれている。

　授乳期が終わると離乳の時期がくる。離乳期は愛の対象からの分離の体験である。授乳と離乳がうまくいくと，寂しさに耐える力，ひいては自立の力につながる。しかし，無理やり離乳をすると，愛の対象から急に切り離されることにより恐怖体験をし，「分離不安」を抱えた子どもになりやすいといわれている。マスターソン（J. F. Masterson）は境界型人格障害の原因がこの時期（再接近期）に「見捨てられ不安」を抱えたことにあると述べている。ボウルビィ（J. Bowlby）がいう「愛着（attachment）」やエリクソン（E. H. Erikson）のいう「基本的信頼感」もこの時期に形成され，今後の人間関係の基礎になっていく重要な時期である。

3) 肛門期

　おしめをとって，トイレに行く練習をする1歳半から3～4歳くらいまでの時期。トイレットトレーニングとは，初めて親が子どもに与える「しつけ」である。しつけとは欲求を延期する能力をつけさせることである。ウンチが出たときに，「よく出たね」といってあげることがとても大事である。親の愛情の言葉と引き換えに"ギブ・アンド・テイク"を学ぶ時期である。この時期に必要以上の厳しいしつけをしてしまうと，肛門期的な性格になりやすい。非常に几帳面で頑固，倹約家，収集家，強迫性障害は，この時期の親子関係に影響しているといわれている。逆に，しつけが甘すぎ，ルーズに育てられると，がまんすることができない子，つまり，欲求延期ができない子どもになる。

　前段階の愛着関係や基本的信頼感が十分育っていないうちにしつけを行うと，子どもにとって親の「しつけ」が侵略的な「押しつけ」になり，子どもにストレスを過剰に与えることになりかねない。よって，発達的に前段階の

課題をクリアしたうえで積み重ねていくことが重要になる。

4) 男根期

　3〜6歳くらいの時期で，ペニスの有無で，優越感とか劣等感を感じる時期だといわれている。また，異性を意識する時期でもある。よって，「男の子のくせに」，「女の子のくせに」という言葉は子どもの自尊心を非常に傷つけてしまう。また，この時期のお医者さんごっこなどはエロティシズムではなくて，知的好奇心，未知の世界の探究心からくるので，あまり厳しく制限すると冒険心や好奇心のない子どもになる可能性がある。

　さらに，この時期，夫婦仲の良し悪しが非常に大きく影響するといわれている。なぜならば，この時期にエディプス感情が芽生えるからである。エディプス感情とは子どもが異性の親を好きになることである。たとえば男の子は母親のことが好きになる。この時期の男子は，「お母さん，一緒に結婚しよう」，「お母さん好きだからずっと一緒にいようね」といってくる時期である。この時期は異性の親に好意をもち，自分と同性の親に反抗心をもつ時期である。女子の場合はその逆になる。このときに夫婦仲がいいと，母親（父親）のような人と結婚するには，父親（母親）のようになる必要があると，父親（母親）をモデリングし，同一化していく。ところが，このときに夫婦仲が悪いと，子どもは異性の親と心理的な融合状態が続き，同性の親との関係が悪くなり，同性の親のモデリングができにくい状態になる。それにより，その後のアイデンティティの混乱に発展していくことがある。

　この時期に問題があると，非常に自己顕示的になりやすく，競争心が強く，自己愛性性格になりやすいといわれている。

5) 児童期（潜在期）

　小学校時代。問題が表面化しにくい時期なので潜伏期ともいわれる。自分の欲求を潜在させる能力ができ，現実原則を優先させて，社会化して，社会的ルールを学ぶ時期である。この時期は，親や教師などの期待に沿おうとし，子どもは「よい子ぶりっ子」を演じやすい。よって，よい子を演じてストレスが溜まった分，発散・昇華できる場所と機会を与えることが重要である。

昇華がうまくできないと，ストレスが溜まり，神経症的な症状を呈したり，心身症や，「切れる」子になったり，いじめ，非行，行為障害になりやすくなるといわれているため特に注意を払う必要があろう。

　小学校時代の友人関係に関しては，“ギャングエイジの時代”ともいわれており，子ども同士の集団で遊ばせることが社会性や社会のルール，対人関係のスキルを学ぶうえで大きな意味をもつ。現在，不登校の問題などを抱えている子どもたちは，集団遊びが欠けているケースが多い。集団遊びを通して，ケンカをしても次の日は仲よくして遊べることを学び，ルールを守ると楽しいという経験などを積むのである。今の子どもたちは，遊びの楽しさのなかで身体を通してこれらのことを学ぶ経験が欠けており，ケンカを必要以上におそれ，自分のホンネを隠す傾向が高い。ギャングエイジ期の集団遊びが欠けていることは，対人関係を学ぶ機会を逸していることになるともいえよう。

6）　青年期（思春期・青年期後期）

　12歳から24，5歳までを青年期といい，青年期前期のことを思春期という。青年期は，疾風怒濤の時期，第2の誕生の時期といわれているように「自立」と「依存」の間で揺れ動きながら心理的離乳をし，児童期の大人優位の関係から個を確立し，自立していくための大切な時期である。日本の場合は，青年期が遷延化している傾向がある。この時期は，依存対象を親（大人）から，友人や異性に変えていくため，友人関係や異性関係でのつまずきが大きく心に影響を与える。この時期は，以下の5つの点に特徴づけられる。

　①告白性と閉鎖性　　大切な人に自分の気持ちをすべて打ち明けて理解してもらいたいという気持ち（告白性）と自信のない自分をさらけ出したくない気持ち（閉鎖性）が共存する時期である。

　②性格の仮面性　　見たままの性格がその人の性格であるのは，児童期までで，思春期になると自分の性格に仮面を被る。つまり，自分が暗い性格だと思うと，わざと明るい仮面をつけ，他人には明るく振る舞うようになる。また，自分のことを臆病だと思うと逆に虚勢を張り，強く見せようとする。

よって，この時期の子どもは見た印象と実際の心のなかにギャップが生じやすいので，見た目だけで判断しないことが大切である。

③能動的な性格形成　　児童期には，受動的に形成された性格もこの時期には能動的に「〜のようになりたい」という意思のなかで育まれていく。つまり，理想の自己を求め出すのである。

④自己嫌悪　　自分より優れた他者と比較して，自分の能力，容姿，性格などに不満や不充足感をもち，自己嫌悪になりやすくなる。理想の自己と現実の自己とのギャップに悩みやすい時期である。これも，自分自身を対象化して見ることができるようになっていることによるものである。

⑤アイデンティティ（自我同一性）の確立　　「自分は一体何なのか」，「自分は何になりたいのか」，「どのように生きたいのか」などを模索しながら，自分を選び取る作業がなされる。つまり，アイデンティティの確立である。エリクソンは，自分が一貫して連続性をもち，独自な存在であるという意識を確立することの重要性を述べている。アイデンティティの確立は，自分自身の自覚，自信，誇り，責任感，使命感，生きがい感をもたらす。しかし，アイデンティティの確立がうまくいかないと，アイデンティティ・クライシスを体験し，自分自身を見失う。また，一時的に自分自身を選び取る作業を延期し，大人としての義務や責任から逃れることが生じる。それを「モラトリアム」状態という。マーシャ（J. E. Marcia）はほかにも，「フォークロージャー」型，「拡散」型のアイデンティティを指摘している。前者は，親や教師の価値観を鵜呑みにして，見せかけのアイデンティティを確立し，権威主義的で防衛的な表面的な自信をもっている状態をさし，後者は，多くの選択肢から選び取ることができずに，途方に暮れ，自己嫌悪と無気力状態になっている状態をさす。いずれも，アイデンティティ確立の危機状態の型である。

2節　子どもの問題に関わるときの統合的な視点

1. 子どもの問題を理解するための3つの視点

① intra-psychic（精神内界）の理解。

② inter-personal（システム）の理解　　家族（システム）関係・友人（システム）関係・学校（システム）の人間関係など。

③ trans-generational（世代間伝達）の理解。

統合的カウンセリングの3つの視点を紹介する。これは平木典子によって提唱されたモデルである。1番目の個人の精神内界の理解は，さまざまなカウンセリング技法により，傾聴を通してその子どもの心のなかで何が起こっているのかを理解することである。しかし，言語発達が十分でない子どもの場合は，芸術療法・遊戯療法などを用いて非言語レベルからも理解を試みる必要がある。

2番目のシステムの理解は，家族療法の考え方である。子どもの問題は，家族システム・あるいは家族を取り巻くシステムが機能不全を起こしているがゆえに生じるという見方である。システム（関係性）を調整することで問題を維持している悪循環をストップして問題を解決していく方法である（詳しくは第13章2節6.）。

3番目が世代間伝達の理解である。たとえば，虐待の問題は，虐待している親自身が子どものときに虐待を受けているケースが非常に多く見受けられる。被虐待児として育った親が自らの子どもに虐待をしてしまうという悪循環の連鎖である。全国児童相談所所長会の調査では，約40％にその連鎖が見られたとの報告がある。また，人間関係（システム）のもち方は，よくも悪くも世代を超えて子どもに伝わっていくという考えは，家族療法家のボーエン（M. Bowen）によって述べられている。

2. 学校・家庭・地域システムへのアプローチ

1) 家族を支える保護者との面談方法

　子どもの心の問題に対する援助を考えるとき，家族の協力を抜きには考えられない。子どもが心理的に問題を呈するとき，その原因は複合的な要因で生じるが，その子どもを援助しようとするとき，家族の協力がいかに得られるかが問題を解決に導くための大きな要素となる。援助者が十分に家族を支え，その家族が子どもを守ることができたときに予後が大変よくなる。家族と面談し，有効に援助することが，子どもを間接的にしかも強力にサポートすることにつながる。

【保護者面接をするときに心がけること】

　①暖かい態度で傾聴し，信頼関係を構築する。

　②子どもの心理的問題を保護者のせいにしてはならない（犯人探しをしない）。

　なぜならば，保護者は，子どもの問題で学校により出されると，大変肩身の狭い思いをする。それが抵抗感となり，保護者自身の気づきや問題解決のリソースの発見を遅らせ，ひいては，面接のプロセスを妨げる要因にもなり得る。よって，決して，保護者を責めてはならない。保護者もどうしていいのかわからず無力感に浸り，悩んでいる存在であることを忘れてはならない。まずは，保護者に共感しながら信頼関係を構築して，問題をともに解決していく姿勢を示し，コラボレーション（協働）を図る必要がある。また，子どもが問題を起こすと，「父が悪い」，「母が悪い」「友人が悪い」，「学校が悪い」などと犯人探しがよく起こる。このような場合には，「犯人はいない。いるとしたら周りの人間全員が何らかの形で関与していることになる」ことを明言し，まずは犯人探しをストップすることが大切であろう。犯人探しをすることにエネルギーを注ぐのではなく，目の前の問題解決にエネルギーを向けていくことが重要である。

　③子どもの問題を外在化し，保護者とともに解決していくポジションをとる。

「問題の外在化」は物語り療法のホワイトとエプストン（M. White & D. Epston）によって提唱された心理的技法の1つである。

問題を外在化することにより，保護者のみならず，問題を抱える本人とも協力体制がとりやすくなる。たとえば，「盗癖のある子どもに対し，『盗み虫』が○○ちゃんのなかで暴れ出すと，盗みをしてしまう。その虫を退治するためにはどうしたらいいでしょうか？」と問いかけるやり方である。登校を渋る子どもには『しぶしぶ虫』などと名づけて，家族全員の協力を得て虫退治をする方法は家族療法家の東豊によって編み出された方法である。

④保護者がうまく取り組めたことは認めてフィードバックする。

家族をいかにエンパワー（力づけ）していくかが重要である。保護者の関わりのなかでよかったと思われることは，はっきりと支持し，その労を十分ねぎらうことが大切である。「承認された行動が定着していく」とは行動療法のなかで生み出された理論である。

⑤必要に応じてチームで関わる。

特に機能不全家族（著しい親機能の低下・貧困など）の場合は，児童相談所や保健福祉センターなどの他機関と協力して家族全体の機能を支えていく必要がある。学校や家族の力だけで解決しようとするのではなく，社会資源を上手に活用していく役割もあることを忘れてはならない。また，学校内でチームを組んで子どもをサポートするときには，カウンセラーや教員だけが1人で抱え込むのではなく，チームでそれぞれの役割を明確化し，協働して関わることも重要である。

2）　学校・地域を支えるコンサルテーション

コンサルテーションとは，クライアントに直接関わっている人（コンサルティ：たとえば教員，地域の児童委員，民生委員など）に専門家（カウンセラー・精神科医・ソーシャルワーカーなど）が対処の方法などを助言して，コンサルティがよりよい方法でクライアントに関われるようにサポートすることである。

つまり，コンサルタントはコンサルティを通して間接的にクライアントを援助することになる。また，異なった専門性をもつ複数の関係者がチームで

コラボレーションを図りながらクライアントに援助ができるように，それぞれの役割分担を明確にし，援助資源や方法を検討して調整を行い，それぞれがリソースを最大限に活かし合えるようにサポートするのもコンサルテーションの重要な役割である。コンサルタントに求められる能力として，①葛藤解決のコミュニケーション技法，②子どもの状況のアセスメントと問題に対する専門的知識，③チームワークを築くための人間関係能力やリーダーシップが必要である。

3. 問題児童生徒の理解と問題解決のためのリソースの発見のために

　問題をもつ児童生徒を彼らが所属する家族や環境を含めた生態システムのなかで理解し，問題解決につながるリソースを発見し，有効利用していく援助方法をプランニングしていくための方法としてマッピング技法がある。問題解決のためのアセスメント技法として，1980年代から積極的に取り入れられている。

1）　ジェノグラム（世代関係図）の作成と活用

　多世代派とよばれるボーエンらによって1950年代より積極的に取り入れられ活用されてきた，3世代を含む拡大家族関係の図表である。1985年にアメリカにおいても統一したジェノグラムがMcGoldrickらによって作成され（図10-2），アルコール症や子どもの虐待問題など，世代間連鎖されたその家族が繰り返しているパターンを発見する手がかりとなる（図10-3）。

【描き方】

　年齢・生年月日・死亡年月日・住所地・職業・学歴・婚姻離婚年月日などに加えて，精神病・薬物依存・アルコール症・病気・犯罪歴・虐待などの有無・家族関係の親密度なども書き込む。

2）　エコマップの作成と活用

　エコマップはエコロジーマップの略で，ジェノグラムと並びマッピング技法の1つに位置づけられている。ハートマン（A. Hartman）によって1975年に開発されたもので，特に，ソーシャルワークの分野でラージャーシステムの

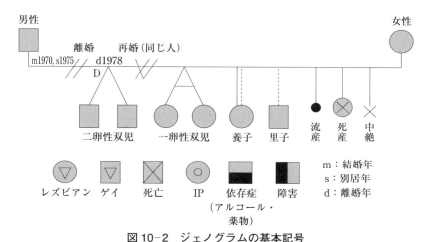

図 10-2　ジェノグラムの基本記号

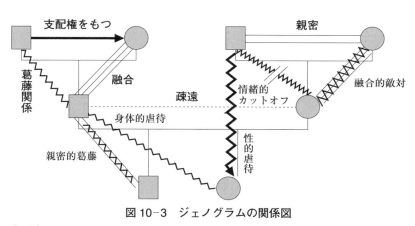

図 10-3　ジェノグラムの関係図

出　所：McGoldrick, M., Gerson, R., & Shellenberger, S. 1999 *Genograms: Assessment and Intervention*, Norton, p. 30 を改変。

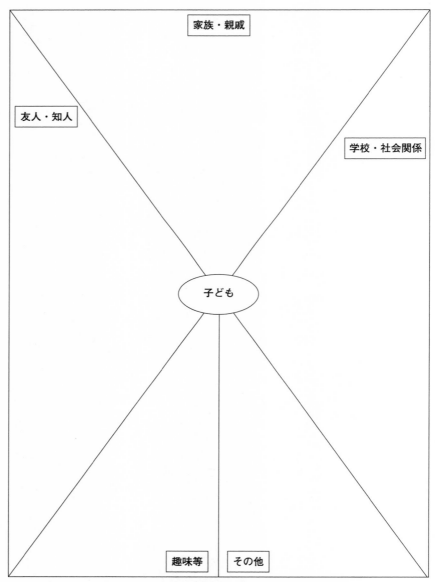

図10-4　子どもを取り巻くエコマップ記入票
出所：山田 容　2003『対人援助の基礎：ワークブック社会福祉援助技術演習1』
　　　ミネルヴァ書房，p. 36 。

例

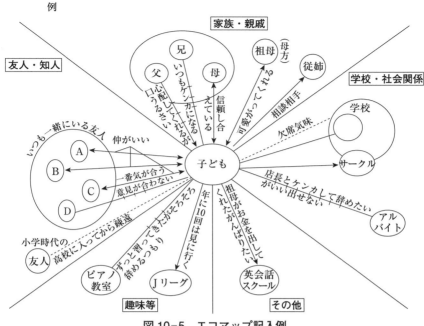

図 10-5 エコマップ記入例

線・記号の凡例
　感情・エネルギーの流れ　　━━→　←→
　緊張・ストレスのある関係　━┼━┼━┼━
　希薄な関係　　　　　　　　━ ━ ━ ━ ━

出所：山田　容，前掲書，pp. 35-36 を一部改変。

　視点からアセスメントしていく技法として積極的に利用されている。個人の
問題をエコロジカルな視点から，社会的・環境的・心理的相互作用を見てい
くための道具となり得る。ここでは，山田（2003）によるエコマップを紹介
する（図 10-4・5）。

●参考文献
　國分康孝監修　2001『現代カウンセリング事典』金子書房
　倉石哲也　2004『家族ソーシャルワーク』ミネルヴァ書房

McGoldrick, M., Gerson, R., & Shellenberger, S. 1999 *Genograms: Assessment and Intervention*, Norton

無藤 隆ほか編　2004『よくわかる発達心理学』ミネルヴァ書房

日本家族心理学会監修　1999『家族心理学事典』金子書房

杉原一昭ほか　1996『よくわかる発達と学習』福村出版

山田 容　2003『対人援助の基礎：ワークブック社会福祉援助技術演習Ⅰ』ミネルヴァ書房

第11章

授業に活かすカウンセリング

　本章では，授業のなかで教員の立場でできる予防的・開発的カウンセリングについて取り上げる。さらに，いのちについて考えるデスエデュケーション，ホリスティック教育について述べる。

1節　教員の立場でできる予防的・開発的カウンセリング

　学校カウンセリングの担うべき役割として，①問題解決的カウンセリング（心理的問題を呈したときの個別対応の治療的援助）と②予防・開発的カウンセリング（問題が生じないように，発達課題を人間成長につなぐ心理教育的な援助法，特に集団不適応の予防）がある。後者を「育てるカウンセリング」と國分康孝らは提唱している。サイコエデュケーション，ソーシャルスキルトレーニング，構成的グループエンカウンターやキャリアカウンセリング，アサーショントレーニングなどが含まれ，教員の立場で総合学習などの授業に活かせる援助法として導入されつつある。これらの技法は特に，不登校やいじめや友人関係のトラブルの背景にある集団不適応の予防策として有効である。

　アメリカのスクールカウンセリングプログラムの国家基準では，スクールカウンセリングプログラムを子どもたちの①学業的発達（生涯の生活をするなかで有効な学習にも役立つスキル・態度・知識の獲得），②キャリア的発達（キャリア意識を育て，目標を明確化し，その実現を図るための準備能力の開発），③個人的－社会的発達（自他理解・自他尊重の態度，社会に貢献する一員になるスキル・知識の獲得）をサポートするものと位置づけている。

表 11-1　ソーシャルスキル

意思決定スキル（クランボルツの DECIDES モデル）
①問題を明らかにする（Define the problem）
②行動計画をつくる（Establish an action plan）
③自分の価値観を明確にする（Clarify values）
④複数の選択肢を見つけ出す（Identify alternatives）
⑤予想される結果を発見する（Discover probable outcomes）
⑥不要な選択肢をていねいに除去する（Eliminate alternatives systematically）
⑦行動を開始する（Start action）

葛藤解決スキル
①当事者双方からもめごとの内容とそれに対する感情をじっくり聞く。
②紛争を解決する方法を，双方から思いつくままにできるだけ多く出してもらう。
③それらの方法から双方がともに満足できる方法を選ぶ。つまり，どちらも勝つ「Win
　−Win」状態を構築する。積極的傾聴・感情反映・論点整理・問題解決スキルなどを
　駆使して進められる。

出所：キャンベル，C. & ダヒア，C.（中野良顕訳）　2000『スクールカウンセリング・ス
　　　タンダード：アメリカのスクールカウンセリングプログラム国家基準』図書文化社，
　　　p. 130，p. 133 より抜粋。

1．サイコエデュケーション

　広く心理教育をいう。ロールプレーや構成的グループエンカウンター
（SGE：structured group encounter）などが重要な役割を果たす。ちなみにアメリ
カの小学校では①自分と他人の理解，②さまざまな状況の対処の方法，③友
人関係と有効な社会的スキル，④コミュニケーションスキル，⑤問題解決ス
キル，⑥意思決定スキル，⑦葛藤解決スキル，⑧スタディスキル，⑨キャリ
ア意識の開発，⑩多文化意識，⑪薬物教育などが教室内で実効性のあるもの
として導入されている。

2．ソーシャルスキルトレーニング（SST）

　よりよい人間関係を築くための対人関係スキルを身につけることを援助す
る訓練をいう。トレーニングをする際には，何のためのスキルであるかの目
標を示す「教示」と，適切なモデルを呈示する「モデリング」，実際に練習

をさせる「行動，リハーサル」，改善点やよかった点を指摘する「フィードバック」，よかったところをほめることで適切な言動の「強化」を図ることがトレーニングの構成要素となる。「してみせて，いって聞かせて，実際にさせてみて，ほめながら」適切なスキルを身につけていくことを目的とするスキルトレーニングである。

　本来，この技法は精神科治療の一環として，精神障害者の社会適応のために開発されたものであるが，現在は学校教育へと適応範囲は拡大している。

3. アサーショントレーニング

1）　アサーションとは

　アサーションとは，「自他を尊重した（I am OK. You are OK.）精神で，自分の気持ち，考えや希望を正直に，率直に適切に表現する」ことをいう。アサーションは 1960 年代のアメリカの公民権運動のなかで萌芽し，70 年代の人種差別撤廃運動や，フェミニズムの潮流のなかで形づくられた。「人間は誰しも自他の権利を侵さない限り，自己表現をしてもよい」という基本的人権の 1 つである「アサーション権」を行使するための自己表現スキルとして発展してきた。つまり，今まで「NO」といえなかった社会的弱者が，人権として「NO」と自己表現を始めたところからその萌芽を見せた。最近は，学校や地域・企業・家庭における適切な自己表現とよりよい人間関係を築くためのコミュニケーションスキルとして幅広く適応されている。ゴードン（T. Gordon）博士の親業訓練や，CAP（Child Assault Prevention：子どもが暴力から自分を守るための教育プログラム）もアサーショントレーニングの潮流のなかの 1 つである。

2）　3 つのコミュニケーションパターン

　コミュニケーションのパターンには，①受身的なコミュニケーション（自己否定・他者肯定），②攻撃的なコミュニケーション（自己肯定・他者否定），③アサーティブなコミュニケーション（自己肯定・他者肯定）と 3 つのパターンがある。アサーティブなコミュニケーションをとることで自尊感情を育み，

表 11-2　3つのタイプの自己表現の特徴一覧表

非主張的	攻　撃　的	アサーティブ
引っ込み思案	強がり	正直
卑屈	尊大	率直
消極的	無頓着	積極的
自己否定的	他者否定的	自他尊重
依存的	操作的	自発的
他人本位	自分本位	自他調和
相手任せ	相手に指示	自他協力
承認を期待	優越を誇る	自己選択で決める
服従的	支配的	歩み寄り
黙る	一方的に主張する	柔軟に対応する
弁解がましい	責任転嫁	自分の責任で行動
「私はOKでない， 　あなたはOK」	「私はOK， 　あなたはOKでない」	「私もOK， 　あなたもOK」

出所：平木典子　2003『アサーショントレーニング』日本・精神技術研究所，
　　　p. 27。

自分のよさを認めることができるようになる。

3）　自分自身の気持ちを率直に述べる際の言語コミュニケーションスキル

①私メッセージ（I-Statement）

「あなた」を主語（あなたメッセージ）にするのではなく，「私」を主語にして表現する方法。相手を評価したり，判断したりせずに，自分の感情や考え方を表現していく手段となる。特に怒りを感じたときや，NOを表現しようとする際，相手を攻撃せずに自分の気持ちを率直に表現できる方法として効果的なコミュニケーションスキルである。ゴードン博士の親業訓練のなかでも取り上げられている。

【例】

●あなたメッセージ（あなたが主語）

　「こんな時間に帰ってくるなんて何考えているの！」

●私メッセージ（私を主語に行動・影響・感情について述べる）

　「連絡もなく，遅く帰宅すると（行動）何かあったのではないかと心配（感情）だ。落ち着かず，何も手につかなくなるよ（影響）。」

②問題解決のための DESC 法（平木, 2003）

　会議の場，話し合いなどで何かを決めたり問題解決のための課題を達成したりする必要性があるときに用いるアサーション法。4つの要素を入れて話す。また，平木（2015）は，相手の言い分に耳を傾けることも重要であるから，L（Listen）も付け加えて DESCL 法とも呼んでいる。

【例：1時間の長電話になり，そろそろ電話を切りたいと思ったとき】

D ＝ describe：描写する

　自分が対応しようとする状況や相手の受容できない<u>行動</u>がどのような<u>影響</u>を与えるかを客観的，具体的に，非難がましくなく描写する。

例：「12時を過ぎたので昼休みに入るので昼食を食べないといけない時間になりました」，「1時間話したので集中力がなくなってきました」

S ＝ specify：特定の提案をする

　<u>その状況，行動，影響に対して自分自身がどのように感じているか（主観的な気持ち）</u>を表現する。

例：「満足した」，「楽しかった」，「あなたの考えがよく理解できてよかった」，「疲れた」，「あなたの話をきちんと聞けなくなるのが申し訳ない」

E ＝ express, explain, empathize：表現する，説明する，共感する

　<u>相手に望む行動，妥協案，解決策を提案する</u>。できるだけ具体的，現実的で，相手が実行することが可能な小さな提案であること。

例：「この続きはこの次にしませんか」，「そろそろ切りましょうか？」，「手紙で詳しく書きますね」

C ＝ choose：選択する

　相手が Yes といった場合，No といった場合の<u>選択肢</u>を準備する。

例：相手「そうだね（Yes）」のとき，「電話ありがとう。楽しかったよ。」
　　相手「まだ話したい（No）」のとき，「あと10分でいい？」「明日でいい

かな？」

4．キャリアカウンセリング

1）　キャリアカウンセリングとは？

　キャリアをただ単に「職業」として捉えるのではなく，「生涯にわたる生き方選択」として捉え，将来の生活設計と関連づけながら，職業選択を援助することを目標としている。個々人の生涯の生き方も含めた中長期的な観点に立ち，職業生活を送っていくうえで関連するあらゆる問題を対象とすることになる。具体的方法としては，個人の自己理解からスタートし，それぞれの生活設計を立てていく際に必要な意思決定能力の獲得の援助や生き方選択をしていくプロセスを手助けしていくことになる。英米をはじめ，カウンセラーが専門職として確立している国々では，キャリアガイダンス（カウンセリング）はカウンセラーの重要な任務の1つに位置づけられており，幼児教育から取り入れられている。わが国でも，高校や大学教育カリキュラムのなかに取り入れられ，学生相談室が主体となったキャリア教育に取り組む短大，大学も増えつつある。

2）　キャリアカウンセリングが必要とされる社会的背景

　日本社会は大きな構造改革の時代の真っ只中にあり，年功序列型人事から成果主義や能力主義へと雇用情勢は大きく移行してきた。また，ニートやフリーターの増加，就職して3年以内の離職率の増加も依然として著しい。このような現在の急激な社会経済状況の変化のなかで，早期のうちから自分自身の生き方を含めた個々人のキャリア開発・教育を手がけていく必要があるという認識から，わが国でもキャリア教育の充実に向けた取り組みが積極的に取り込まれるようになってきている。産業構造の転換や，環境問題など地球規模の課題が山積する中で，子どもたちが将来，社会的・職業的に自立し，社会の中で自分の役割を果たしながら，自分らしい生き方を実現するための力がより一層強く求められる時代に入った。

　今後ますます，学校の特色や地域の実情を踏まえつつ，子どもたちの発達

の段階に見合ったキャリア教育を学校や地域で推進・充実させていくことが求められている。

5. エンカウンターグループ

1) エンカウンターグループの2つの流れ

エンカウンターグループは，1960年代のアメリカにおけるヒューマン・ポテンシャル運動の潮流のなかで発展した。ロジャーズ（C. R. Rogers）の流れを汲むエンカウンターグループは非構成的に行われ，ベーシックエンカウンターグループとよばれる。ファシリテーターはプログラムや課題を前もってメンバーに提供するのではなく，あくまでも参加メンバーの内的な自発性と交流のもとに進められる。メンバーやグループの「今，ここで」の気づきを通して人間的成長や人格変容を促す。わが国には1970年代に畠瀬稔らによって紹介された。

一方，ゲシュタルトセラピーの創始者であるパールズ（F. S. Perls）の流れを汲む構成的グループエンカウンター（SGE : structured group encounter）は，1970年代より國分康孝らによって積極的にわが国に紹介され，限られた時間で有効な効果をもたらす手法として，教育界や産業界などで広がりを見せている。実存主義を基調とし，グループメンバー間の触れ合いを通して，自己発見・理解を促すことを目標としている。SGEの特徴として，気づきを促すさまざまなエクササイズが取り入れられていることである。短時間で目的に合ったグループ活動を促進することが可能になる。

2) 構成的グループエンカウンターの進め方

SGEは①インストラクション，②エクササイズ，③インターベンション（介入），④シェアリング（分かち合いのための話し合い）の4つの構成要素から成り立っている。エクササイズは，小学校・中学校・高校に応用できる多様なエクササイズが発達段階に応じて開発されている。

表11-3 ショートエクササイズ一覧表

	タイトル	内容	どんなとき	対象	場所	分
リレーションづくり	あいこジャンケン	教師と同じものを出せるように，教師対全員でジャンケン。気持ちを合わせる難しさと心地よさを体験する。	朝の会帰り会学活・授業	小…低・中・高中・高	教室など	5
	鏡よかがみ	鏡になったつもりで，教師の動きのまねをする。楽しくリレーションを高める。	朝の会帰り会学活・授業	小…低・中	教室など	5
	若返りジャンケン	教師と3回ジャンケンをする。勝つたびにおじいさん・おばあさんから徐々に若返る。それぞれのポーズをしたまま帰る。	帰り際	小…低・中	教室など	5
	アウチでよろしく！	向かい合い，互いの人差し指を触れ合わせて「アウチ」という。あいさつ代わりの軽い身体接触で緊張をほぐす。	朝の会帰り会ロングエクササイズの導入	小…低・中・高中・高大人	オープンスペース	3
	肩もみエンカウンター	2人組になりジャンケン。負けたほうが肩をもみながら今日の出来事を話す。交代。リラックス下の自己開示を体験する。	朝の会帰り会授業合宿	小…低・中・高中・高大人	教室など	10
ソーシャルスキル	会話を開くかぎ	友達との会話のきっかけを思い出し，カードに書き出す。言葉をかける人・相手・観察者に分かれ実際にせりふをいう。	朝の会帰り会学活	小…高中・高	教室	10
	ふわふわ言葉とチクチク言葉	いわれて悲しかった言葉と嬉しかった言葉を黒板に書き出し，気持ちを発表する。言葉が引き起こす感情に気づく。	帰り会学活・道徳懇談会	小…低・中・高中	教室	15
	友達づくりの会話	自分の好きなことをカードに書く。質問側と答える側に分かれ，質問側は相手のカードを見て質問する。2分で役割交代。	学活国語交流活動前	小…高中・高	教室	10
自分を見つめよう	1日5分の自分さがし	「私は……」のような未完成の文が書かれたワークシートを配り，文章を完成させる。作文した感想などを自由に書く。	朝の会帰り会学活国語	小…高中・高大人	教室など	5
	夢マップづくり	ワークシートに思いつく夢を書き出す。一番叶えたい夢をマジックで囲む。隣の人と自分の夢を紹介し合う。	朝の会帰り会学活国語	小…中・高中・高大人	教室など	10
	わたしの感情グラフ	目を閉じ，昨日1日の出来事を順に思い出す。そのときの気持ちを思い出し，感情の浮き沈みを曲線グラフに表す。	朝の会帰り会学活	小…高中・高	教室	10
	学校を10倍楽しくする方法	「学校が10倍楽しくなる方法」をグループで出し合う。アイデアを分類し，似たもの同士を線で囲み，関係性を考える。	朝の会帰り会学活	小…高中・高	教室	5+15
不安も解消	気になるあなたへ	今気になっている人宛に手紙を書く。今度はその相手になったつもりで相手の立場になり，自分への返信を書く。	学活保護者会教師の集まり	小…高中・高大人	教室など	10
	気持ちの整理箱	目を閉じて深呼吸した後，心の中に浮かんでくる気になることと，それを思い出した気持ちをワークシートに文や絵で表す。	朝の会帰り会学活	小…低・高中・高大人	教室など	10

出所：國分康孝監修 1999『エンカウンターで学級が変わる：ショートエクササイズ集』図書文化社，pp. 205-206，210-211 より改変。

2節　いのちについて考える

1. デスエデュケーション（死の教育）とは

　デスエデュケーションは1970年代頃から欧米を中心に始まった。死生学 (tanatology) のなかに位置づけられている。ドイツは先駆的に取り組みが行われており，子どもの発達段階に応じた教科書が用意され，学校教育のなかに取り入れられている。わが国では，教育のなかに取り入れようとする試みが始まったばかりである。その基盤となる理論背景や方法論はこれからの整備と議論を要するところである。

1) デスエデュケーションの目的

　タブー視されてきた「性」の問題を取り扱う性教育が開放され，次に開放されるべき教育がデスエデュケーションであると柏木哲夫は指摘している。

　デスエデュケーションは性教育と並んで，生きる意味や意義を教える「生」教育である。「死を考え，理解すること」を通して，いのちについて考え，伝える教育である。われわれは死を避けて通ることはできない。にもかかわらず，死について教育現場で学ぶ機会がないことは，「死」そのものがタブー視され，忌み嫌われてきた所以であろう。身近な人の死や，自分自身の死に直面したときにあわてふためき，適切な対処法を知らずに苦しむことがないよう，教育の場で考える時間を提供していくことが必要であろう。

　鈴木康明はデスエデュケーションが目指すものとして，①道徳教育における人間の尊厳に対する理解と感性の育成を「生と死」，「いのち」，「生きる」ということにおいて展開すること，②生きることについて肯定的な価値観を形成することを目指すこと，③死別や喪失への対処などを学ぶこと，などをあげている。

2) デスエデュケーションの方法論

　取り上げられる題材として，①死にゆく人の心のプロセス，②自死，③尊厳ある死，④生命倫理，⑤死生観や死の歴史，⑥死と葬儀，⑦臓器移植，⑧

グリーフケア（残された人の心の癒しの作業），⑨死と再生のイメージワークなどがあげられる（布柴）。「死を通して生を考える教育研究会」では低学年の子どもたちにも理解できる教材として，「僕は生きたい――ある筋ジストロフィー症患者の思い」というビデオを製作した。このようにビデオを通して生きることへの感動と生きる意味を伝えるという方法もある。

2. ホリスティック教育とは

ホリスティック教育という考えは1970年代後半より，北米で始まった。1980年代の後半には総合学術雑誌『ホリスティック教育レビュー』の刊行がスタートし，2000年9月には国連総会で「世界の子どもたちのための平和の文化と非暴力のための国際10年」が採択され，教育への包括的でホリスティックなアプローチが必要であると明言された。特にユネスコは，ホリスティック教育というコンセプトの真の意味を明らかにすることに貢献すべきと答申を出しており，積極的に認知されるに至っている。

わが国では1990年代より，ホリスティック教育への関心が高まり，1997年に日本ホリスティック教育協会が設立されている。

1) ホリスティックの言葉のルーツ

ギリシャ語のholos（全体）を語源としている。「全人的」，「総合的」，「包括的」などと訳される。その派生語としてwhole（全体的な），health（健康），heal（癒す），holy（聖なる）がある。ホリスティック教育とは，まさにこれらの意味をすべて包含する「全体観的な教育」である。

2) ホリスティック・パラダイム

従来の機械論的，原因－結果の直線的因果律の見方ではなく，お互いがお互いに影響し合う生きたシステムのなかに人間は生きていくというパラダイムである。生命論的な見方からいえばすべてはいつも絶え間なく変化を続け生成発展していくプロセスとして捉える。社会のなかの，対立・争い・混乱もすべては生命のプロセスのなかの1つの状態として見ることができる。人間の心の葛藤や悩み・病気も生きていくうえでのプロセスとして捉える。だ

宇宙の生命現象は，絶えず動き，変化していく。固定化したものは何もない。
ゆらぎ，変容するプロセスそのものが，「生きる」ということである。
　　　　　　　　　　　　「ホリスティックな教育理念の提唱」より

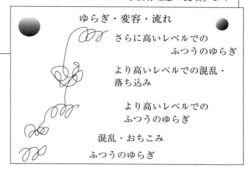

ゆらぎ・変容・流れ

さらに高いレベルでの
ふつうのゆらぎ

より高いレベルでの混乱・
落ち込み

より高いレベルでの
ふつうのゆらぎ

混乱・おちこみ

ふつうのゆらぎ

違いと対立から新しいものが生まれる

対立・葛藤　　　　　出会い・つながり
バラバラでつながらない　　相互交流

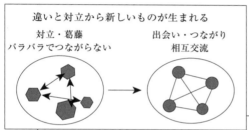

いつも，みんな同じ意見で，対立のないことが望ましいわけではない。
違い，対立，葛藤，混乱を通して，新しいものが生まれる。個人も場
も，それを通して，同時に成長し，変容する。

バランスとアンバランス

バランスとは，静止して動かないことで
はない

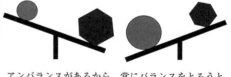

アンバランスがあるから，常にバランスをとろうと
する力が働き，ダイナミックな動きが生まれる。

図11-1　ホリスティック・パラダイム（すべてはプロセス）
出所：手塚郁恵　1998「ホリスティックな教育の理論と実践」『ホリスティック教育』第
　　　10号，pp. 34-35 より。

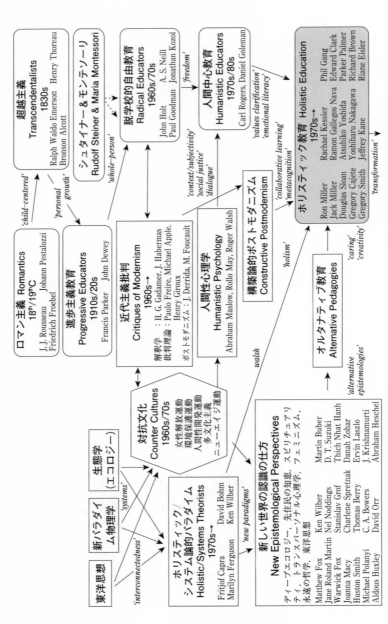

図11-2　ホリスティック教育マップ（ホリスティック教育に影響を与えてきたさまざまな潮流）

出所：吉田敦彦　2003『世界に広がるホリスティック教育』日本ホリスティック教育協会編『ホリスティック教育ガイドブック』せせらぎ出版、p. 13 より抜粋。

からこそ，生きていることが絶えざる気づき・成長・喜び・感動につながる。

3）　ホリスティック教育の目指すもの

　日本ホリスティック教育協会では次の観点で教育に取り組むことの重要性を提言している。

①存在するものは他のすべてのものと深いところでつながり合っている。

②人間は，身体・感情・意志・精神性など，すべてを含む全体的な存在である。

③生命体としての人間は自ら気づき，学び，成長する力と自らの方向性をもっている。

④私たちは知識の伝達だけにとどまらず，いのちがもっているすべての可能性の開花を支援する。

⑤教師自身も，子どもとともに学び，成長し，自分らしく生き生きとした学びの場をつくり出していく。

⑥地球規模の環境問題や社会問題への開かれた視野をもち，地域とのつながりにも目を向ける。

⑦教師自身が学ぶ喜びを感じているとき，子どもたちも生き生き学び育っていく。

●参考文献

キャンベル，C. & ダヒア，C.（中野良顕訳）2000『スクールカウンセリング・スタンダード：アメリカのスクールカウンセリングプログラム国家基準』図書文化社

國分康孝編　1999『エンカウンターで学級が変わる：小学校・中学校・高校編』図書文化社

國分康孝監修　2001『現代カウンセリング事典』金子書房

平木典子　2000『自己カウンセリングとアサーションのすすめ』金子書房

平木典子　2003『アサーショントレーニング』日本・精神技術研究所

平木典子　2015『アサーションの心：自分も相手も大切にするコミュニケーション』朝日選書

日本ホリスティック教育協会編　2003『ホリスティック教育ガイドブック』せ

せらぎ出版
園田雅代・中釜洋子　2003『子どものためのアサーショングループワーク』日
　　本・精神技術研究所
手塚郁恵　1998「ホリスティックな教育の理論と実践」『ホリスティック教育』
　　第 10 号

174

第12章

学校における緊急支援

　事件や事故，災害などによって，学校において危機的な状態が生じることがある。そのような学校の危機的な状態が報道されるなかで，「心のケアとしてスクールカウンセラー（以下，SC）が派遣される」といったニュースを見聞きしたことが一度はあるのではないだろうか。SCの活動において，「子どもに対する相談，保護者や教職員に対する相談，教職員などへの研修のほか，事件・事故や自然災害などの緊急事態において被害を受けた子どもの心のケアなど，近年ではその活動は多岐にわたっており，学校の教育相談体制において，その果たす役割はますます大きくなっている」（中央教育審議会，2008）とあるように，学校における危機的な状態における心のケアは，大きな柱となっている。

　本章では，学校の危機的な状態において行われる緊急支援について述べていく。

1節　学校の危機

1．危機とは何か

　「危機」とは，人がそれまでの習慣的問題解決の方法を用いて克服できず，混乱や落ち着かない時期が続き，解決のための多くの方法が試みられるが成功せずに終わるときに生ずるものと定義される（山本，2004）。

　危機状態は，私たちの人生の難問としてライフサイクルのなかで現れるものもあれば，偶発的に生じることもある。たとえば，進学や転学，恋愛や結婚，就職や転職，転居など，しばしば新しい対処様式を要求される出来事が

生じる。これは人が生きていく過程において，さまざまな新たな挑戦や，乗り越えることが要求される，いわゆる発達的危機と捉えることもできるだろう。一方で，病気になったり，事故や事件に巻き込まれたり，災害の当事者になったり，時に自分にとって大事な存在，親や家族，友人やパートナーを喪失することもある。これらの危機は，ある程度予測することは可能かもしれないが，偶発的な危機であることが多く，避けることができない出来事だろう。

　これらの困難な出来事のすべてが，私たちを危機状態にするのではない。困難な出来事に対して，私たちは普段身につけている習慣的な対処方法で考え方や感情をコントロールしようと試み，行動しながら解決方法を見出そうと模索する。しかしながら，それらの対処によって難問が解決しないときや立ち行かなくなったときに危機状態が発生する。危機状態は誰にでも起こりうること，また避けがたいものであり，しかも一度危機状態に至ると，通常はバランスがとれている人の心も揺さぶられることとなる。

　このような状態になると，さまざまな反応が生じる。さまざまな反応の詳細については後に述べるが，これらの反応のなかには周囲の目には異常な状態に映るような反応や，自分が自分でないような，自分のコントロールを失ったと感じるような反応など，ともすると「病気」になってしまったのではないかと捉えうるような反応が生じることがある。しかしながら，この人の心の反応は決して病気ではない。「異常な事態に対する正常な反応」なのである（安，2011）。ゆえに，危機状態を脱して，心の揺れが収まり，バランスを取り戻したならば，反応は収束し，通常の状態に戻るのである。

　危機という言葉は，「危険」や，「崩壊の予兆」といったある種の「脅威」を感じる印象を含み，忌避すべき印象を持つだろう。しかしながら，危機（crisis）の語源はギリシャ語のカイロスに由来する。カイロスとは，「良い方に向かうか悪い方に向かうかの分岐点」という意味を持っている。つまり，語源に基づくならば，確かに脅威という側面を持つ危機状態ではあるが，同時にその危機状態は「成長促進可能性」を有しているといえる（山本，2004）。

たとえば，習慣やいつものパターンが崩れることは不安や緊張，困難を伴うが，一方で新しい対処パターンを身につけ，今までできなかったことや考えなかったことができるといった新しいステップに発展していく可能性を含んでいるのである。

　深刻な危機状態にある人に対して「ピンチはチャンスである」といった言葉かけは，その人を傷つける可能性があり，口にすることは厳に慎むべきであろう。しかしながら，支援者がその人の危機状態への支援のあり方や，支援によって危機状態を脱した先の見通しとして，このような危機の含意を心に留めておくことは，支援者が支援を行うにあたって意味を持つことがある。

2. 緊急支援とは何か

　危機状態に陥ったとき，個人が適応できる水準まで機能回復するのを助けることを「危機介入 (crisis intervention)」とよぶ。危機介入は，危機状態に陥った人の苦悩や苦痛を軽減し，さまざまな反応への「応急処置」を行うことをさす。もし，機能回復が応急処置によって困難な場合は，さらなる専門的サービス（専門的治療）につなげていくということを視野に入れながら危機介入を行っていく（山本，2004）。

　危機介入という用語は，危機状態に陥った個人へのアプローチという側面が色濃い。対して，光岡（1995）は危機介入をコミュニティへの支援という視点を加えて論じている。コミュニティ心理学に基づく危機介入では，支援者が個人へのアプローチを行うという役割に立つだけでなく，時にさまざまな支援活動を行う支援者のサポーターとして，または地域医療・行政の仕組みに精通したケースワーカーとして，さらには集団の動きに対する感性や指導力を備えたコンサルタントとして危機状態に応じて種々の役割を柔軟にとれる支援者である重要性を述べている。さらに本来もっているコミュニティの力を促進するような黒子的な役割，支援者の支援を行うことが危機介入の一つのあり方であることを指摘している。

　福岡県臨床心理士会（2005）では，学校における危機的な状態への危機介

入を行うにあたり，学校の教職員が児童生徒や保護者に対して行う危機対応を後方から支援する支援者支援の立場をとっている。事件・事故・災害などの後，できるだけ早い段階で緊急に支援するという点，個人へのアプローチのみならず，学校コミュニティへの支援を重視する点から，危機介入という用語ではなく，「緊急支援」という用語を用いると説明している。

「危機介入」や「緊急支援」という用語は，拠って立つ理論や視点によってさまざまである。たとえば，宮城県臨床心理士会による緊急支援マニュアル（2010）では，危機的な出来事以前から配置されている SC が行う危機的な状態に対する支援を「危機介入」，心理士会と自治体との協定に基づき臨時に SC が派遣され行われる支援を「緊急支援」と定義してマニュアルを作成している。またそのなかで，教職員は事件・事故の際の対応について「危機対応」という言葉を用いることがあると指摘している。

このように危機的な状態への支援を何とよぶかはさまざまであるが，本論においては危機的な状態へのコミュニティ支援という観点から「緊急支援」という語を用いて説明していくこととする。

3. 学校における緊急支援の歴史

わが国において，学校と関連する事件や事故，災害は枚挙にいとまがない。学校でそのような危機的な出来事が生じると，被害者はもちろんのこと，周囲の児童生徒や教職員，保護者といった学校コミュニティや地域コミュニティが危機状態に陥り，激しく揺さぶられると述べてきた。

そのような危機的な状態において，学校に SC を派遣し，「心のケア」を行うといった取り組みが行われるようになったのは，1995 年 1 月に発災した阪神・淡路大震災からであろう。

折しも 1995 年度から始まったスクールカウンセラー活用事業と時期を同じくしていたこともあり，その後スクールカウンセラー事業の内容においても，学校における緊急支援の実施は，明確に位置づけられるようになっている（文部科学省，2017）。

阪神・淡路大震災以降も，わが国においてはさまざまな事件や事故，自然災害が起きている。2001年大阪教育大学附属池田小学校事件，2004年長崎県佐世保市女子児童殺害事件など学校管理下で起きた衝撃的な事件や，2004年新潟県中越地震など，各地で毎年のように起きている自然災害などがあげられる。さらに2011年3月には，東日本大震災という未曾有の災害が起きた。東日本大震災は地震や津波という自然災害のみならず，原子力発電所事故という災害まで引き起こし，複合的でかつ広域の被害となり，日本全体という巨大コミュニティの危機状態をもたらしたといっても過言ではないだろう。

　このようなさまざまな危機的な状態においても，SCによる学校の緊急支援は行われている。たとえば，東日本大震災の際，宮城県においては，交通網が寸断されるなかにおいてさえも，通常配置されているSCが勤務校において支援を行い，さらに依頼に応じて派遣されたSCや，県外から支援に駆けつけた臨床心理士による緊急支援が懸命に行われていた (高橋，2015)。

　このような経験の積み重ねによって，学校における緊急支援の必要性は今では広く認知されている。また，マスコミをはじめさまざまな場面で，トラウマやPTSD (心的外傷後ストレス障害) といった精神医学用語は一般に広く知られている。

　今後はこれらに重ねて，人は危機的な状態によって強いストレスを受けたとき，誰もが心身にさまざまな反応を引き起こす可能性があることや，適切な時期に適切な支援を受けることによって，被害者の苦しみにつながるさまざまな反応の長期化を防ぐことができるということも，広く認知されるようになることが一つの課題になるだろう。

4. 学校に危機をもたらす出来事

1) 学校の危機のレベル

　学校コミュニティが危機的な状態に陥るような出来事とは，どのようなものがあるのか見ていく。

上地（2003）は危機には3つのレベルがあると述べている。不登校，虐待，性的被害，自殺企図などは「個人レベル」の危機，いじめ，学級崩壊，校内暴力，校内事故などは「学校レベル」の危機，自然災害や殺傷事件，誘拐や脅迫事件など，地域全体が被災する出来事は「地域レベル」の危機として分類している（表12-1）。

　また，藤森（2006）も学校事故・事件における衝撃度という観点ならびに学校管理下あるいは学校管理外という観点から，危機的な状態となる事件・事故のレベルを整理している（表12-2）。

　事件や事故，災害によって「誰が揺さぶられるのか？」という視点は，さまざまな想定を行うにあたって重要である。個人レベルの出来事であれば，学校や地域コミュニティのサポーターがケアの担い手になるだろう。しかしながら，学校レベルや地域レベルで危機的な状態に直面しているならば，個人をサポートする学校や地域コミュニティの機能は阻害されてしまっている可能性が示唆される。つまり学校や地域コミュニティ自体もまたサポートが必要な被害者と捉えられる。学校や地域コミュニティが危機的な状態にあり

表 12-1　危機となる事件・事故のレベル

	個人レベル	学校レベル	地域レベル
1. 児童・生徒自殺		児童・生徒の自殺	＊いじめ自殺
2. 学校管理下の事件・事故		校内事故	＊外部侵入者による事件 ＊被害者，目撃者多い事件
3. 校外事故	校外事故	＊目撃者多い事故	
4. 自然災害，地域の衝撃的事件			自然災害，地域の事件 ＊児童・生徒の直接被害
5. 児童・生徒による殺傷事件			児童・生徒による殺傷 ＊学校構成員が被害者
6. 教師の不祥事			教師の不祥事の発覚 ＊児童生徒が被害者
7. 教師の突然死		教師の突然死	＊教師の自殺

注：大きな動揺が予測されるものについて冒頭に＊印を記した。
出所：窪田（2005）。

表 12-2　学校事故・事件における衝撃度

●学校管理下　　○学校管理外

事件規模	レベル	事　案　例
大規模	Ⅵ	●北オセアチア共和国学校テロ
	Ⅴ	●大阪池田小事件
中規模	Ⅳ	●佐世保市の小6殺害事件（全国マスコミ殺到）
		●寝屋川市教師殺害事件（〃）
		●仙台ウォークラリー事故，3人死亡，20人以上重軽傷（〃）
		●京都宇治小侵入傷害事件（〃）
		●光高校爆破物事件，数十人救急搬送（〃）
	Ⅲ強	●校内での飛び降り自殺，児童目撃多数，学校に報道殺到
		●小学校のプールで死亡，児童目撃多数，学校に報道殺到
	Ⅲ弱	●児童の列に車，1人死亡，2人ケガ，目撃数名，学校に報道多数
		○親子心中事件，学校に報道多数
小規模	Ⅱ	○親子心中事件，学校に取材無し～わずか
		○自宅での自殺，学校に取材無し～わずか
		●体育中に児童が倒れ，搬送先の病院で死亡
		○夏休み中に川での水の事故，複数児童目撃
小規模以下	Ⅰ	○家族旅行中の交通事故で児童死亡
		○自宅で家族の自殺を児童が目撃

出所：藤森（2006）。

機能不全が生じているとすれば，被害者やコミュニティの構成員のケアが行えないだけでなく，不適切な事後対応を生じさせたり，時に二次的，三次的な被害を生じさせてしまう可能性がある。

2)　一次的被害と二次的被害

　ここで一次的被害と二次的被害について説明しておく。前者は，事件や事故，災害などの出来事によって生じた被害をさしている。それに対して，後者は，たとえば，危機的な出来事の被害者が被害を受けた後，学校や職場に復帰しようとした際，受け入れ先の理解が十分に得られず，孤立感や不信感を感じる事態になることなどがあげられる。他にも，周囲の人たちが「励ま

せば回復するのではないか？」との誤解から被害者を無理に励まし，また被害者もそれについて嫌といえずに過剰に適応しようとした結果として，強い負担感を感じて不適応を起こしてしまうといった事態もまた二次的被害といえる。

3） スティグマ

　二次的被害に関連して，「スティグマ」という言葉を紹介する。スティグマとは，牛などに押す焼きゴテの印の意味から転じて，ある特定の人間や集団に，社会からの心ない偏見が焼きつけられてしまうことをいう。

　たとえば，事件や事故といった危機的な出来事を，社会や周囲の人が受け入れることができず，「本人にも悪いところがあった」ということにして，自分が落ち着こうとすることがある。また，犯罪事件のように明らかに一方的な被害者であるにもかかわらず，マスコミや地域外の人から「あの地域は以前から治安が悪かった」といった，事件とは無関係のことを引き合いに出して，その場所にいた被害者に問題があったかのような噂が立つことをスティグマと呼ぶ。

　スティグマはきわめて長期にわたる傷つきを生じさせることがある。昨今はインターネットや SNS（Social Networking Service）の普及によって，デマや噂がまことしやかに語られ，スティグマの拡散規模が広がっていることが懸念されており，二次的被害や三次的被害の予防は緊急支援において重みが増しているといえる。

　個人レベル，学校レベル，地域レベルの危機的な状態について述べてきたが，そのようななかで行われる緊急支援は，どのレベルにまで危機的な状態が生じているかを見立て，混乱や動揺を収め，被害を最小限にとどめ，本来のコミュニティの機能を取り戻す支援や，二次的，三次的な危機を予防する支援という多くの役割を持つ。

　そのような緊急支援の特性から，しばしば学校や地域コミュニティから離れた外部からの支援者が派遣される。これは支援者自身が危機的な状態に巻き込まれることなく，危機的な状態を正確に俯瞰しながら見定め，整理する

支援者役割が期待されているからである。

5. 危機が引き起こす反応

　危機的な状態に至ると，人はさまざまなストレス反応を引き起こす。よく見られる反応について表12-3の通りである。

　危機的な状態におけるストレス反応は多彩であり，一見軽微なものから重篤なものまで幅広い。しかしながら，繰り返すが，これらの反応は「異常な状況に対する正常な反応」であり，「自然な反応」であることを忘れてはならない。このような反応が生じていることに，周囲が慌てたり，反応を消そうと躍起になるあまり叱ってしまったり，過度に励ましたり，あるいは急いで専門的支援につなげようとすることは，その人をかえって混乱させてしまい逆効果となることが多く，注意が必要である。

　危機的な状態におけるストレス反応は大人でも子どもでも同様の反応が生じるが，特に子どもに起きやすい反応がある。たとえば，小学校低学年の児童では「身体反応」が生じやすい。小学校低学年の多くが，危機的な状態に対して，言葉で人に伝え表現し整理することや，語ることを通じて発散することが困難な発達段階にあり，そのため「身体で語らざるを得ない」ことが指摘されている。

　また，思春期段階の子どもにおいては，悲しみや不安，落ち込みも生じるが，怒りや苛立ちの形で表現されることがある。思春期段階は，親や大人か

表12-3　危機的状態におけるストレス反応

	反　　　応
身体面	食欲がない・食欲がありすぎる，頭痛・腹痛などの痛み，疲労感，眠気がない・眠気がある，吐き気，めまい，緊張，動悸，発熱
心理面	恐怖や不安，おびえ，怒りや苛立ち，泣く・悲しむ・悲嘆，罪悪感，高揚感，甘え，一人でいられない，混乱，感情の麻痺，ぼんやり
行動面	引きこもり，動かない，反応がない，落ち着きがない，まとわりつき・赤ちゃんがえり，習慣の乱れや喪失，成績の低下，独り言，自傷行為，破壊行為，暴言，寝ない・寝すぎる，食べない・食べすぎる

らの自立という発達課題を抱え，その過程において，親や大人へ敵意をぶつけ反抗的な態度を取ることはよく知られている。その発達課題と危機的な状態によって生じた反応としての怒りや苛立ちが絡み合い，激しい表現になることがある。この怒りや苛立ちが危機的な状態に対する反応として理解されず，適切なケアがなされないことによって，二次的な問題として，"学校の荒れ"につながることがある。つまり，被害者の怒りや苛立ちが，非行行動や反社会的行動として顕在化し，集団を巻き込みながら「荒れ」へとつながっていくのである。非行行動や反社会的行動は周囲から不適切な行動として受け止められやすく，さらに被害者の反応は隠されてしまい，学校においては行動の性質上，生徒指導上の問題として取り扱われやすく，ケアが遠のいてしまうという悪循環が生じ，複雑化してしまうことがあり，注意が必要である。

　非行行動や反社会的行動は一例だが，学校や社会において問題行動とされる振る舞いをする児童生徒の背景に，しばしば被害体験や被災体験があることはよく知られている。支援者は「なぜそこまで暴れなくてはならないのだろうか？」「何がそこまで彼（彼女）を駆り立てているのか？　追い詰めているのか？」という視点で，本人の背景にある苦しみに辛抱強く目をむけ，耳を傾けることが求められる。

6. 学校コミュニティの反応

　危機状態による個人のストレス反応については述べてきたが，学校コミュニティ自体もさまざまな影響を受ける。危機状態によって集団のなかで起きやすい反応を窪田（2005）をもとに表12-4に示す。

1）　人間関係の対立

　危機的な出来事を身近に体験すると，「人間関係の対立」がしばしば生じる。危機的な出来事への反応はさまざまであることをすでに述べたが，同じ出来事を体験したとしても，ある児童生徒は涙を流して悲しむという反応を，別の児童生徒はショックの大きさに呆然としたり，時に別の児童生徒はいつ

表12-4　学校コミュニティの反応

①人間関係の対立	○自分と違う反応を示している他者を受け入れられない 例）クラスメイトの死に涙を見せない児童生徒について「冷たい」「ひどい人だ」と責める，排除する ○事件・事故の責任を他者に転嫁する 例）事件・事故が「なぜ起きたのか」という疑問から， ・「自分がもっとこうしておけば防げたのではないか」「自分のせいで」という自責感 ・さらに「あの人のせいでこうなった」「あの人がこうしてくれれば防げた」という他責
②情報の混乱	○情報伝達ルートの混乱 例）必要な情報が学校内で共有されない ○構成員の混乱による間違った情報の伝搬 例）管理職から担任，児童生徒と伝わる間に情報の大きな離齬が生じる
③問題解決システムの機能不全	○日常は機能しているシステムが機能しなくなる 例） ・体調不良の児童生徒の殺到で保健室のベッドが足りない ・職員会議での意思決定では間に合わず管理職による即時判断が求められる

出所：窪田（2005）をもとに筆者作成。

もと変わらないよう平静を保とうと無理をして快活に振る舞おうとするといった反応が生じたりする。しかしながら，悲しむという反応をしている児童生徒からすれば，快活に振る舞おうと無理をしている児童生徒は，「なぜあんなショックな出来事があったのに，普段通り振る舞えるのか？」「あまりに冷たいのではないか」というように映り，集団のなかで責めたり排除しようとしたりするといった動きが起きることがある。また，「自分がこうしていれば防げたのではないか」という自責感や，加えて，衝撃的な出来事を受け止めきれず，「なぜこんなことが起きたのか」という疑問から，「あの人のせいでこうなったのだ」「あの人が対処していれば防げたのではないか」といった，事件事故の責任を他者に転嫁する動きが生じ，危機状態にある集団内の人間関係が悪くなることがある。

　これは危機的な出来事以後に初めて生じる場合もあれば，以前から潜在していた集団の対立が危機的な出来事をきっかけに噴出したり，鮮明になった

りする場合もある。クラス内グループの問題から，学校全体が分断されるような対立までさまざまな規模になり得る。これらの対立は学校コミュニティの危機状態による機能不全からの回復を妨げるのみならず，長期にわたり禍根を残してしまうこともある。このような事態においては「危機的な出来事が起きたときの反応」を構成員間で互いに理解する場を持つことが必要となる。

2) 情報の混乱

　危機的な出来事によって，集団のなかで「情報の混乱」が生じることがある。危機的な出来事は，構成員個人の記憶や思考，判断力，あるいは決断力を低下させる。そういった状況のなかで，情報の理解や伝達にズレが生じてしまい，情報共有に齟齬が生じてしまうことがある。たとえば，管理職から担任への情報共有や，担任から児童生徒への説明や指示が，口頭であるがゆえに曖昧になったり，受手の聞き違いや記憶違いが生じたり，あたかも伝言ゲームのような情報共有における齟齬が生じ，混乱や対立に繋がることがある。情報の混乱を生じさせないために，必要に応じて，重要な情報や共有すべき情報は文章化して齟齬を防ぐ工夫などが対策となる。

3) 問題解決システムの機能不全

　通常であれば，学校コミュニティはさまざまな問題が起きたとしても，学校コミュニティ自体が持つサポートや対処方法を用いて問題を解決し，収束させることができる。しかしながら，この問題を解決するシステムは，危機状態によって機能不全に陥ることがある（「問題解決システムの機能不全」）。学校コミュニティは，危機的な状態を予測し，機能不全に陥らないように予防策は講じているものの，危機的な状態とは概して，唐突に，かつ想定を超えることが多く，あらかじめの準備には限界がある。たとえば，危機的な状態において，体調不良の児童生徒が保健室に殺到し，ベッドが足りなくなるということが起きうる。東日本大震災においては，教室や体育館は避難所に，グラウンドは仮設住宅や駐車場になったことは記憶に新しい。

　通常時には機能していたサポートや対処方法，施設やマンパワーは，通常

運用を基本に設計されているのが常であり，そのような視点から，危機状態によって，どこに機能不全が生じる可能性があるか，どのようなサポートがあれば機能不全を防げるのか，あるいは早急に機能を立て直すことができるかについて，学校内で共有しておくことが対策となる（窪田, 2005）。

2節　学校における緊急支援を行うとき

1. 危機を見立てる視点

　学校における緊急支援を行うとき，一般的な危機状態による反応の理解を前提としながら，そのとき起きた危機の性質や規模によって，今後どのような危機的な状態が生じるかを予測しながら緊急支援を始めることになる。

　危機状態の予測においては「機能不全に陥っているのはどこか？」「ハイリスクな人は誰か？」「どの機能が回復すれば被害を最小限にとどめることができるか？」「どうすることが学校コミュニティの安心安全につながるか？」といった視点が重要である。

1）　ハイリスクな児童生徒

　「ハイリスクな人は誰か？」ということを例にすると，仮に下校時に起きた交通事故によって，児童生徒が亡くなるという危機的な出来事が起きた場合，以下の児童生徒がハイリスクな児童生徒と考えられる。

　①出来事のときに一緒にいた，あるいは現場を目撃した児童生徒
　②当該児童生徒と特に親しくしていた児童生徒
　③現場が通学路，あるいは登下校がしばしば共になる児童生徒
　④クラブや部活動が同じ児童生徒
　⑤以前に同じような出来事を体験した，あるいは目撃した児童生徒
　⑥以前から情緒面や行動面で配慮を要する児童生徒

なかでも注意したいのは，危機的な出来事との「距離」と，児童生徒が表出する「反応」は，必ずしも比例するとは限らない点である。

　被害者と友人であった，あるいは同じクラスや部活であった，といった児童生徒がハイリスクであることは想像しやすい。しかしながら，違うクラスや学年，話したことや遊んでいるところを見たことがないような，一見して，危機的な出来事や被害者と距離がある児童生徒（⑤，⑥）にも大きな反応が生じる可能性があることに注意が必要である。

2）　児童生徒の自殺と報道

　児童生徒の自殺といった非常に衝撃的な出来事について，報道等でそれを知り得た遠く離れた地域の児童生徒が，大きな反応を示すことがある。もともと何らかの問題を抱えた児童生徒が，センセーショナルな出来事や詳細な報道で刺激されたことによって起こることが多く，時として自殺企図や自殺行動に至ることがある。そのため，児童生徒にかかわる危機的な出来事の報道のあり方については，しばしば問題視されている（高橋，1999）。

　このように，危機的な状態に関連して何が起き，どのような支援をすべきか，という危機を見立てる視点が重要である。

　危機的な状態は一つとして同じものがない。学校現場に入って初めて知り得ることもあろう。予測と情報を包括的に把握し，十分な見立ての上に，その危機的な状態に応じた支援計画の立案が，緊急支援の要となる。

2. 学校における緊急支援の方法

　学校における緊急支援の目的は，危機的な状況によって強いストレスがかかった個人ないしコミュニティの「動揺」を最小限にとどめることを目的とする。

　動揺を最小限にとどめるとは，①心に傷を負った人をこれ以上増やさないようにすること，②心に受けた傷がこれ以上深く，広くならないようにすること，③できるだけスムーズに日常生活に戻れるように支援することをさす（宮城県臨床心理士会，2010）。

表 12-5　学校の緊急支援でよく行われる支援内容

対象	支援内容
学校	学校による支援全体への提案・助言
	保護者会の持ち方に関する提案・助言
	全校集会の持ち方に関する提案・助言
	マスコミの取材に関する提案・助言
教職員	緊急支援面接（個別面接）
	教職員グループでの話し合い
	心理教育（職員会議，職員研修）
	児童生徒に関するコンサルテーション
	リラクセーション
児童生徒	緊急支援面接（個別面接）
	心理教育（集会，各クラスなど）
	リラクセーション
	心の健康調査の実施や活用※
保護者	緊急支援面接（個別面接）
	心理教育（保護者会）
	リラクセーション

※実施のタイミングの方法については留意が必要。

　学校における緊急支援においてよく行われる方法を表 12-5 にまとめた。なお，表中※印の児童生徒への心の健康調査の実施や活用については，行うタイミングはもちろんのこと，目的や方法，結果の管理やフィードバック，保護者への説明など留意すべきことが多く，慎重に行うことが求められる。

　以下，表 12-5 にあげた支援内容のなかで，特によく行われる，児童生徒への個別面接（緊急支援面接）と教職員への心理教育について解説する。

1) 緊急支援面接とは

　学校における緊急支援において行われる面接は，通常のカウンセリング手法を用いた面接とは大きく異なっている。

　緊急支援面接では，現状の把握と今後の見通し，つまり「見立て」と，危機的な出来事によって生じた反応を受け止めることが主な目的となる。緊急

支援面接は，基本的には継続はせず，1回の面接で終了することが多い。これは，学校における緊急支援では，外部から派遣されたSCによって面接が実施されるため，派遣期間は比較的短期であり，緊急支援終了後は継続した面接が現実には困難であること，何よりも緊急支援面接の目的が応急処置であることに由来する。また，中長期的での支援を考えたとき，学校コミュニティや地域をよく理解している配置されたSCが対応することが望ましいという観点からも，このような方法をとっている（宮城県臨床心理士会，2010）。

2）　緊急支援面接の実際

　では具体的に緊急支援面接は，どんなことを行うのか。

　まず，面接にあたり必ず行うことは，来談者に来談経緯を確認することである。通常のカウンセリング手法でも行うが，緊急支援面接ではこの手続きがきわめて重要な意味を持つ。

　たとえば，児童生徒が危機的な出来事を体験し，その体験について人に話すことを望んでいないものの，周囲の教職員や保護者が心配し強く勧めるため，しぶしぶ来談することがある。このような経緯を把握せず，面接を始めると，SCがいかに慎重に話を聴こうとしたとしても，情報収集や事情聴取されたと児童生徒は受け止めてしまうかもしれない。また，「語りたくない」という言葉の意味は多様であり，時として「語る準備が整っていない」という意味を含んでいることがある。そのなかで，児童生徒の話を聴き込んでしまったために，不安が強まったり，援助に対する不快感が生じたり，混乱を生じさせるような「侵襲的な」面接になってしまうこともある。面接をしたことで，かえって状態を悪くすることのないよう，この手続きを忘れず行うことが重要である。

　面接では，あくまで児童生徒のペースで面接を進めることが重要である。緊急支援面接を進めるにあたり「サイコロジカル・ファーストエイド（Psychological First Aid，以下，PFA）」の活動内容（表12-6）が，面接のなかで心がけるべき視点として参考になる。

　PFAは，災害やテロ直後に被災した人に対して，効果が知られた心理的

表 12-6　サイコロジカル・ファーストエイドの 8 つの活動内容

1.　被災者に近づき，活動を始める 被災者の求めに応じる。あるいは，被災者に負担をかけない共感的な 態度でこちらから手を差しのべる
2.　安全と安心感 当面の安全を確かなものにし，被災者が心身を休められるようにする
3.　安定化 圧倒されている被災者の混乱を鎮め，見通しがもてるようにする
4.　情報を集める―いま必要なこと，困っていること 周辺情報を集め，被災者が今必要としていること，困っていることを 把握する。そのうえで，その人にあった PFA を組み立てる
5.　現実的な問題の解決を助ける いま必要としていること，困っていることに取り組むために，被災者 を現実的に支援する
6.　周囲の人々との関わりを促進する 家族・友人など身近にいて支えてくれる人や，地域の援助期間との かかわりを促進し，その関係が長続きするよう援助する
7.　対処に役立つ情報 苦痛をやわらげ，適応的な機能を高めるために，ストレス反応と対処 の方法について知ってもらう
8.　紹介と引き継ぎ 被災者がいま必要としている，あるいは将来必要となるサービスを 紹介し，引き継ぎを行う

支援の方法を集めて構成したものである（アメリカ国立子どもトラウマティック
ストレス・ネットワーク，アメリカ国立 PTSD センター，2009）。そこには被災直後
の苦痛を和らげるための介入方法はもちろんのこと，支援者にとって必要と
される基本的な態度についてもまとめられており，緊急支援にかかわる人に
は一読を勧めたい。

3)　教職員への心理教育

　学校コミュニティにおいて，児童生徒への主たるサポーターとは教職員で
ある。学校コミュニティに危機的な状態が生じたとき，学校コミュニティの
安定を取り戻すためには，児童生徒のケアはもちろんのこと，サポーターで
ある教職員の不安や混乱が軽減することが早道となるだろう。

教職員の不安や混乱を軽減させるために，緊急支援においては，教職員への心理教育が行われる。心理教育とは，危機的な出来事を体験した際に一般的に生じる反応と，それに対する効果的な対処方法について情報を提供することをさす。人は，何をしたらよいのかわからなかったり，見通しがもてないと不安や混乱が生じる。心理教育を通じて，危機の性質や効果的な対応方法を知ることによって，不安や混乱を乗り越えることができるのである。

　心理教育は，個別に管理職や教職員へ行うこともあるが，教職員全体への職員研修として行うことが多い。

　緊急支援における研修においては，「児童・生徒に起こりやすい反応やその対応」および「保護者への説明と対応」についての情報提供が主となる。

　具体的な内容としては，心のケアにはどんな意味があるのか，緊急時の心の変化としてどんな反応が起こりうるのか，どの子どもがハイリスクになる可能性があるのか，子どもや保護者へかかわる際に気をつけるべきことは何か，などについて，そのとき起きた危機的な出来事に応じた説明を行う。

　教職員研修において注意したいのは，危機的な状態における学校は多忙を極めており，長時間にわたる研修は，負担が大きく，実施できたとしてもよい学びにならない可能性が大きいことである。そこで緊急支援における心理教育では，短時間で効率よく，かつ教職員に負担が少ない形で研修を実施することを心がける。

　また，危機的な状態と多忙さのなかにおいて，教職員が短時間であったとしても，口頭説明を理解し，記憶しておくことも負担が大きい。そこで，あらかじめ作成した資料を準備し，仮に研修時に集中できなかったとしても，少し落ち着いたときに読めるよう，緊急支援に関するリーフレットという形で心理教育の内容をまとめ，教職員研修に活用しているという進め方もある（宮城県臨床心理士会，2010）。

4）　教職員のケア

　さらに，教職員研修において重要になるのは，児童生徒や保護者への支援方法ももちろんのこと，教職員自身を対象としたケアが不可欠である。教職

員自身のケアの研修内容としては，疲労感や過度なストレスにさらされ続けると体調不良や，感情のコントロールの困難が生じる場合があること，人間関係の対立やトラブルが生じる場合があること，時として気分転換も必要であること，行動化（自動車の運転や飲酒量など）に注意してほしいこと，教職員同士でサポートし合うことの大切さや，我慢しすぎず必要なときは専門家を活用してほしいこと，などを説明する。

　危機的な状態における学校コミュニティの不安や混乱は，時として教職員に批判や攻撃といった吐け口を求めることがある。しかしながら，教職員の安定が学校の安定になりうるという視点を持ち，教職員への支援の重要性は，緊急支援にあって忘れてはならない視点である。

3. 学校における緊急支援の留意点

　危機状態に陥った人への早期支援が，PTSD の発症を予防すると期待されており，それに基づき学校においても危機状態への支援として緊急支援が行われているといえよう。

　しかしながら，危機状態の支援において，どのような方法が適切で，どのようなことをすべきでないのかという議論は現在も続いている。

　ただ，ある方法は慎重に行うべきであるとか，以前は行われていたが現在では避けるべき方法であるという方法も明らかになりつつある。そこで，学校における緊急支援面接の留意点をあげることとする。

1）　緊急事態ストレスデブリーフィングについて

　傷つきの体験（心的外傷体験：トラウマ）や，それにまつわる感情を早い段階で言葉にすること（言語化）は避けるべきとされている。これは過去，世界的に広く用いられていた緊急事態ストレスデブリーフィング（Critical Incident Stress Debriefing，以下，CISD）という方法に関係している。CISD とは，危機的な事態が生じた 72 時間以内に，被害者たちを集めて，その体験を話し合う機会を提供するという手法である。以前は，CISD を用いた緊急支援が行われていたが，1990 年代後半から複数の研究によって，この方法の効果が

否定されるようになり，将来的にはかえって PTSD 症状を悪化させる可能性があるとさえも指摘されている。災害地域精神保健医療活動ガイドラインにおいては「体験の内容や感情を聞きただすような災害直後のカウンセリングは有害であるので，行ってはならない」としている（厚生労働省，2003）。つけ加えるが，本論では CISD 自体の有効性を否定しているわけではない。実施の時期や方法，環境などの条件を十分に考慮された上で実施されるべき，という視点で見るならば，学校における緊急支援では適用を避けなければならないだろう。

2) 描画法について

　学校における緊急支援では，児童生徒とかかわることが当然であるが多くなる。児童生徒との面接において，通常時から言葉で表現することが難しい子どもには言葉を用いた面接のみならず，子どもが表現しやすい描画やコラージュなどを用いることがある。緊急支援の際も，これらを用いることがあるが，注意を要する。描画やコラージュでは，多くの場合，何を書かなくてはいけないという指定や，どのように表現しなければならないという制限が行われることが少ない，つまり自由度が高い方法であるといえる。自由度が高い方法は，言葉では語れないような表出を促し，抑え込んでいた気持ちを表現するのに大変役に立つ方法であると同時に，子どもが表現の過程で，自分が思っている以上に過度に不安や怒り，悲しみなどの感情表出を表現してしまい，自分でコントロールができなかったり，気持ちを切り替えにくくなったり，苦しい体験を鮮明に思い出して混乱が生じてしまう可能性をはらんでいる。中長期的には，そのような感情表出は子どもたちに必要な支援となるのだが，危機的な出来事直後の緊急支援においては，苦しさや辛さ，危機的な出来事に圧倒した体験の反復となり，苦しみが増す可能性がある。

　学校における緊急支援では，自由度が高すぎない方法（たとえば，ぬり絵や折り紙）を用いたり，絵を描く用紙を小さ目のものにしたり（大きい紙に書くことで表現がエスカレートすることを防ぐ），色彩があまり混ざり合って混沌とした絵にならないよう色鉛筆を用い，水彩絵の具などは避ける（水彩絵の具は色が

混ざりやすく，予想しない色に変化したり，コントロールすることが難しくなることがある）といった工夫も必要であろう。

3） ポストトラウマティック・プレイ

　子どもの表現に関連して，しばしば議論が起きるのは「ポストトラウマティック・プレイ（posttraumatic play）」である。東日本大震災の後に「子どもたちが地震ごっこや津波ごっこをする」，交通事故にあった子どもが「ミニカーで衝突の遊びを繰り返す」といった，トラウマを受けた後，遊びのなかに現れる特有の再演行動をポストトラウマティック・プレイと呼ぶ。プレイとは遊びをさすが，本来の遊びは気持ちの表現であり，感情の解放という肯定的な側面がある。しかしながら，このポストトラウマティック・プレイは，トラウマ記憶の再体験であり，つまり苦しみの反復であり，これを行っている子どもたちは，決して楽しんで遊んではいないと指摘されている。

　このようなポストトラウマティック・プレイを行っている子どもに対して，支援者はどうあるべきかについては，さまざまな議論がある。無理にやめさせようとしたり，叱責したりすることは当然避けるべきだろう。しかしながら，ただ傍観するということも適切とはいいがたい。ポストトラウマティック・プレイが，子どものなかで苦しい体験の克服や消化につながっていくのかという視点を持ちながら，寄り添いながら観察していく「見守り」が重要である。体験の克服や消化によって，その行動が消失していく子どももあるが，なかには体験を克服しにくく，苦痛が長く続く子どももいる。中長期にわたり苦痛が生じているといったときには，適切な治療者に紹介する必要もある。そういう視点で細やかに見守ることが大切なかかわりとなる。

● 参考文献

　アメリカ国立子どもトラウマティックストレス・ネットワーク，アメリカ国立
　　PTSD センター　2009『サイコロジカル・ファーストエイド実施の手引き
　　第 2 版』兵庫県こころのケアセンター訳　http://www.j-hits.org/
　安　克昌　2011『心の傷を癒すということ—大災害精神医療の臨床報告—（増
　　補改訂版）』作品社

中央教育審議会　2008「子どもの心身の健康を守り，安全・安心を確保するために学校全体としての取組を進めるための方策について（答申）」

藤森和美　2006「学校危機への緊急支援―被害を受けた児童生徒への心のケア―」『被害者学研究』16，pp. 70-87

福岡県臨床心理士会編　2005『学校コミュニティへの緊急支援の手引き』金剛出版

金 吉晴編著　2001『心的トラウマの理解とケア』じほう

厚生労働省　2003「災害地域精神保健医療活動ガイドライン」

窪田由紀　2005「学校コミュニティの危機」福岡県臨床心理士会編『学校コミュニティへの緊急支援の手引き』金剛出版

光岡征夫　1995「危機理論」山本和郎・原 裕視・箕口雅博・久田 満編著『臨床・コミュニティ心理学―臨床心理学的地域援助の基礎知識―』ミネルヴァ書房

宮城県臨床心理士会学校臨床心理士調整連絡会，チーム（緊急支援）リーフレット編著　2010「緊急支援マニュアル」

文部科学省　2017「教育相談等に関する調査研究協力者会議　児童生徒の教育相談の充実について―学校の教育力を高める組織的な教育相談体制づくり―」

岡野憲一郎　2011「災害とPTSD：津波ごっこは癒しになるか？」『現代思想 9月臨時増刊号』No. 39（12），pp. 89-97

高橋総子　2015「震災後のスクールカウンセリング活動からみえた，今後の対応に向けてのメッセージ」『子どもの心と学校臨床』No. 13，pp. 57-64

高橋祥友　1999『青少年のための自殺予防マニュアル』金剛出版

上地安昭編著　2003『教師のための学校危機対応実践マニュアル』金子書房

山本和郎　2004「危機介入」氏原 寛・亀口憲治・成田善弘・東山紘久・山中康裕編著『心理臨床大事典』培風館

第 13 章

心理療法の理論と実際

　本章では，心理療法のメカニズムと心理療法のモデルについて述べ，さらに，精神分析療法，クライエント中心療法，ユング派の心理療法，芸術療法，認知行動療法，家族療法，解決志向アプローチについて概説する。

1 節　心理療法とは

1.　心理療法のメカニズム

　現代の認知科学では，コンピュータと比較しながら人の高度な心理過程を理解しようとする（e.g. Johnson-Laird, 1988）。そこで今，コンピュータ（AI）を搭載したロボットの行動に不具合が生じた場合を想定してみよう。モーターなどの運動機能や知覚や感覚を司るセンサー機能に故障がなく，コンピュータ（AI）の機械部品（ハード）にも異常がないことが確認されたら，疑わしいのはコンピュータ（AI）を動かしているプログラム（ソフト）の異常である。不具合の特徴からアセスメント（診断，査定，あるいは見立て）を行い，原因となるプログラムを特定して，それを適切なものに書き換えてやるか，ウィルス・プログラムなどの異常プログラムが見つかった場合はそれを削除してやれば，ロボットは正常に動くようになる。この修理・治療モデルを当てはめれば，心理療法とは心の不調の原因となっている心的プログラムを見つけて，それを修正・改善することによって症状をなくし，適応状態を回復することと考えることができる（佐藤, 2005）。ここで"心的プログラム"とよんでいるのは，個人や集団における私たちの行動や考えや感情の働きに影響し，方向づけると考えられる心的要素のことである（Hofstede, 1997）。

しかし，ロボットに比較して人間にははるかに複雑で困難な事情がある。心的プログラムを形成しているのはハードとソフトが一体となった生物学的な神経機構であり，外部から直接アクセスして修正したり，交換したりできない。さらに感情とリンクしている心的プログラムの多くは自動的・自律的（無意識的）に動いているため，意図的にアクセスしてコントロールすることも難しい。そのため心理治療やカウンセリングでは，さまざまな心理技法を用いてクライアントの内界にアクセスし，心的プログラムの改善を図ろうとする。そのためには，クライアントと心理治療者やカウンセラーとの間に信頼に基づく心的交流関係（ラポール）を築くことが前提条件となり，クライアントの問題に関心を向け，その話に真摯に耳を傾け（傾聴），相手の立場や考えを受け入れて（受容），気持ちを十分に理解する（共感）という基本姿勢が必要である（Rogers, 1942/1966a, 1958/1966b, 1961/1967）。そうしたクライアントと心理治療者やカウンセラーとの関係性を基盤として，クライアントの心的不調が改善され，問題の解決が図られていくことになる。

　心理治療やカウンセリングの本質的な事柄として考慮しなければならないのは，心の問題の性質である。心の問題の原因は複合的に絡み合っており，簡単には特定できないことが多い。また，たとえば不登校やひきこもりを一概に病的状態と決めつけることができないように，何が問題かという捉え方自体が難しく，目標とすべき解決の方向性や方法についても，多様な選択の可能性がある。環境側の要因も忘れてはならず，時間の経過に伴って問題状況が変わることも多い。心理療法やカウンセリングは，故障した機械を修理するような単純な直線的過程ではなく，問題の捉え方や変化の可能性がある。解決の方向性などを探りながら，人生の過程を発見的に歩む（河合，1992），創造的過程ということができる。

2. 心理療法のモデル

　河合（1992）は，「心理療法が取り扱う人間の心というものが捉えがたく，二律背反に満ちている」と断ったうえで，「心理療法とは何か」について論

じている。その中から以下 2 点について紹介する。

1）「治ること」と「治すこと」

　医者が患者の病気を治すように，心理療法とはカウンセラーがクライアントを治すことだと思われがちであるが，実情はまったく異なっている。心理療法に期待して自分は努力しなくても「治してもらえる」と思っている人や，「人間が人間を治せるはずがない」とか「カウンセラーの思うままに変えられてはたまらない」とか反発する人もいる。その通りである。人間はそれほど簡単に変えられるものではないし，心理療法はそもそも本人の意思や努力なしに達成できるものではない。カウンセラーが「治す」のではなく，クライアント自身が自己治癒力を原動力として「治る」のが基本原理である。

　しかし，それぞれのカウンセラーによって，主観的に「治す」と「治る」のどちらを強く意識しているかは異なっている。

2）心理療法のモデル（図 13-1 参照）。

　医学モデルとそれにならったフロイトの精神分析モデルは，症状（結果）の病因（原因）を発見しようとする自然科学的思考に基づいている。医学は

医学モデル	症状 ⇒ 検査・問診 ⇒ 病因の発見（診断）⇒ 病因の除去・弱体化 ⇒ 治癒
例：	頭痛 → 脳の検査 → 脳腫瘍の発見 → 手術による除去 → 治癒
精神分析モデル	症状 ⇒ 面接・自由連想 ⇒ 無意識の病因の発見 ⇒ 情動を伴う病因の意識化 ⇒ 治癒
例：	心因性の右腕の麻痺 → コンプレックスをめぐる連想と意識化 → 治癒
教育モデル	問題 ⇒ 調査・面接 ⇒ 原因の発見 ⇒ 助言・指導による原因の除去 ⇒ 解決
例：	不登校 → 本人と面接 → 親の愛情不足の発見 → 助言 → 解決 → 親とも面接
成熟モデル	問題・悩み ⇒ 治療者の態度 ⇒ クライアントの自己成熟過程が促進 ⇒ 解決への期待
自然モデル	問題 ⇒ 治療者が道の状態にある ⇒ 非因果的に「道」の状況が他に生じる

図 13-1　心理療法のモデル

出所：河合隼雄　1992『心理療法序説』（岩波書店）をもとに作成。

「身体の症状」を対象としてその原因を探して治療する。たとえば頭痛を訴える患者に諸検査をして，脳腫瘍を発見し，手術を施して治すという因果関係の把握が思考の基礎になっている。これにならって，フロイトは患者の心に「無意識」という領域を想定し，そこで意識されていないコンプレックスを意識化することが治癒につながると考えた。人の心を「対象化」して「物」のように分析しその原因を探すことで「治そう」としたのである。現在ではこのような単純な態度では有効な心理療法が行えないことがわかっている（2節2.参照）。

　教育モデルも自然科学的考え方から離れているようでありながら，実は「原因はどこにあるか」という因果関係を明らかにしようとするところは共通している。ある子どもが問題を起こしたとき，教員の指導不足なのか，親のしつけが悪いのかなど“原因”を考え，そのうえで指導や助言，訓練などによって問題を解決しようとする。しかし実際には有効でないことが多い。たとえば不登校の子どもに「勉強が遅れるから学校に行きなさい」と指導しても簡単には登校するものではない。特にカウンセリングでは，指導や助言では解決ができないような難しい問題の相談が多いのである。

　心理療法で比較的重視されているのが成熟モデル（あるいは自己実現モデル）である。これはクライアントの問題や悩みの種類やその様子などよりもクライアントに対する「治療者の態度」に注目する点が前者と決定的に異なっている。治療者はクライアントという存在に対してできるだけ「開いた態度」で接し，クライアントの心の自由な働きを妨害しないと同時に，そこで生じる破壊性が強力になりすぎないように注意を払う。こうした治療者の態度によってクライアントの自己成熟過程が促進され，そこから問題解決への歩みが始まることが期待される（2節1.参照）。

　医学モデル，教育モデルではともにクライアントに対して治療者が「治す人」，「働きかける人」として能動的，主導的な役割をとるのに対して，成熟モデルではクライアントが主役に置かれその主体性が尊重されるのである。いわば「クライアントにいかにして余計な影響を与えないように配慮する

か」が重視されるといってもよい。こうして用意された「自由で保護された空間」（カルフ，1966）のなかで人間の心の奥にある自律的な力を信頼しながら，新しい生き方を見出そうとする。

しかし，この成熟モデルでも，「治療者がオープンな態度をとるならば，クライアントの自己成熟が促進される」という因果的思考（…ならば，…となる）が認められる。しかし，治療者とクライアントの関係というものは，簡単な記述を許すものではなく操作的な定義は困難であろう。また心が自律的に働くとき，きわめて破壊的な傾向も現れてくることを忘れてはならない。

成熟モデルの反省を踏まえ，河合は心理療法の本質を最もよく示すものとして次のような逸話をあげて「自然モデル」を論じている。

中国で旱魃が起こって数ヶ月雨が降らず，祈りなどいろいろしたが無駄に終わった最後に「雨降らし男」が呼ばれた。彼は小屋をつくってもらい，そこに籠った。4日後に雪嵐が生じ村中喜んだ。

その男にどうしてこうなったのか尋ねると「自分の責任ではない」といった。3日間何をしていたか尋ねると「ここでは天から与えられた秩序によって人々が生きていない。従って，すべての国が「道」の状態にはない。自分はここにやって来て自分も自然の秩序に反する状態になった。そこで3日間籠って，自分が「道」の状態になるのを待った。すると自然に雨が降ってきた」ということである。

ここでは因果的な説明からまったく離れている。自分に責任はなく（自分のせいで雨が降ったのではなく），自分が「道」の状態になった，すると自然に(then naturally)雨が降ったという。心理療法においても治療者が「道」の状態にあることによって，非因果的にほかにも「道」の状況が自然に生まれることを期待するのである。非科学的といわれそうだが，現代人の心に深く根を下ろしている自然科学的（原因-結果）思考を離れたもう1つの態度として再認識されてよい（2節3.参照）。

以上の河合の4つのモデル論に照らして自分自身の心理療法観を振り返ってみると，自分が何を重視し，何を見落としているかに気づくことができるだろう。そして自分が選択する心理療法の手法の有効性と限界について再認

識することができるだろう。限られた手法によるやみくもな心理療法は，しばしばクライアントを傷つけることを自覚しなければならない。

2節　各種の心理療法

1. 精神分析療法

　精神分析療法は，フロイト（S. Freud, 1856-1939）によって，神経症の一種であるヒステリーに対する催眠治療経験をもとにして創始された。フロイトは，気質的には何の問題もないヒステリー患者が示す，失立失歩，失声，管状視野，視力障害，痙攣など随意運動機能や感覚機能の障害を，意識から抑圧された体験が身体に転化したものとして理解した。そして，人の心に意識，前意識，無意識の領域を仮定した。

　しかし，都合の悪い体験を無意識領域に閉じ込める"作用"もまた無意識のうちになされ，抑圧された"内容"もまた無意識状態にある。そこでフロ

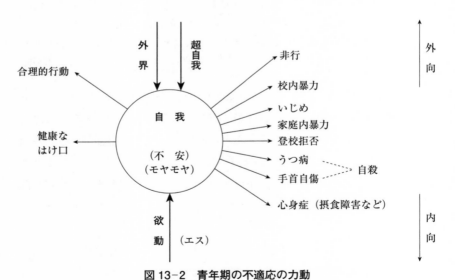

図 13-2　青年期の不適応の力動

出所：前田重治　1994『続図説臨床精神分析学』誠信書房，p. 69 より。

イトは，自我，エス，超自我という三者からなる心の構造を提示した（図13-2）。

　エスとは生物学的，本能的なもので快楽原則に従って満足を求める，時間や空間，論理を無視する欲動である。自我はエスの要求を受け止めながら，現実社会に適応できるように調整する役割を担う。超自我は自我を監視する道徳的良心や，かくあらねばならないという自己目標などの働きである。そして，この三者の拮抗とバランスのうえで人の精神活動は営まれており，三者が過度の緊張状態になったり，あまりに偏った状態に陥るとさまざまの症状が出現すると考えた。かくしてフロイトは，それまで宗教や魔術の領域に任されていた心の病を，科学的な研究の対象として，また治療の対象として捉え直したのである。

　やがてフロイトは，神経症者は必ずしも催眠に誘導できるとは限らず，催眠によって一時的に症状が消失しても，患者の心まで変容させることは困難であることがわかり「自由連想法」を発案した。これは分析室で患者にカウチ（長椅子）に横になってもらい「あなたの心に思い浮かんだことをかくさずそのまま話してください」と伝え，治療者は患者の視野の外にいて，患者の連想を「平等に漂う注意」を払って聴くことを基本とする治療法である。この，患者のどのような言葉にも平等に関心を向けるという心の姿勢を維持することができるようになるまでには，相当の訓練を要する。

　患者はもともと自分の欲望や感情の表現をおそれたり嫌ったりしたからこそ抑圧が生じたのであり，本当の意味で自由に連想することはなかなか困難であり，こうした傾向はさまざまな「抵抗」として表れる。たとえば，患者がこれまで常套手段としてきた不安回避のための心の働かせ方（防衛機制）が繰り返される（防衛性抵抗），患者が自由連想しているうちに子どもが親に話すような気分になって，両親のイメージを治療者に投げかけたり，治療者を非常に厳しい批判的な人と思い込んだり，逆に過度に愛情深い人として歪曲して受け止めてしまって，これが分析の妨げとなる（転移性抵抗），分析が進んでも以前の状態に逆行しやすい（反復性抵抗），などである。

分析の過程で，治療者は患者に対して質問や明確化（話題の曖昧な部分を整理していく），直面化（患者が軽視している話題や，避けている感情と向き合わせる），解釈（それまでの話題を関連づけたり，症状が出現した理由を説明する）などの介入を行い，それに支えられて患者は自らの転移や抵抗に気づき，これを乗り越えていくことで変容が促される。精神分析療法では治療者がどのような場面でどのような問題を取り上げ，どのような言葉によって介入するのがよいかという点が実際問題として最も難しい作業である。「平等に漂う注意」を払って聴くことが不可欠とされる所以である。

　精神分析療法の資格を得るには，指導者について十分な訓練（スーパーヴィジョン）と自ら分析を受ける経験（教育分析）が必要である。心理療法の歴史において，治療者のトレーニングと責任を伴う資格制度を初めて設けたこともフロイトの大きな功績である。

2. クライアント中心療法（来談者中心療法）

　クライアント中心療法（client-centered therapy）は，アメリカの心理学者ロジャーズ（C. R. Rogers, 1902-87）によって提唱された心理療法である。いのちあるものは本来，自らの潜在的な可能性を発展させようとする「自己実現傾向」を備えているという考えを基本としている。クライアント中心療法では，セラピストがクライアントの抱える問題を直接的に解決しようとはしない。クライアントが自分自身についての経験をありのままに受け止め，自分らしく生きるための自由な選択や主体的な決断が徹底的に尊重される。しかも，こうした内発的な変容は，セラピストの技法によってではなく，表13-1の3つの基本的条件を備えたセラピストとの生きたカウンセリング関係のなかで初めて生じると考えられる。

　ロジャーズ（1961）は「一致」について次のように述べている。

　「一致している（congruent）という用語は，いつも私がこうありたいと思うあり方を言い表すのによく使ってきた。この言葉は，たとえ私がどのような感情や態度を経験していても，その態度を自分が気づいていることによって，

表13-1　セラピストに求められる中核3条件

セラピストの「一致」	セラピストは，クライアントとは全く別個の人間として安定して存在し，クライアントの感情や欲求を尊重するのと同様，自分自身の感情や欲求により確実に気づき尊重できること
無条件の能動的傾聴	セラピストは，クライアントのポジティブな感情表現も，クライアントの異常でネガティブな（一致していない）感情表現をも能動的に傾聴し，偏見や先入観にとらわれず受容すること
共感的な理解	セラピストは，クライアントの私的な怒り，依存，恐怖，混乱などの感情や体験をあたかも自分自身のことのように（as if）十分に感じ取り，しかもセラピスト自身はそれに決して巻き込まれないこと

それと一致しているという意味である。事実その通りであるならば，その瞬間に私は統一のとれた，統合された人間であることができる。それだから，どんなに自分の深いところでも自分自身であることができるのである。…私が，別個の人間であるという強さを自由に感じることができる時には，自分を見失う恐れがないから，もっと深く相手を理解し，受容するようになれることが分かってきた。」

　「奇妙に聞こえるかもしれないが，もし自分が自分自身と援助的関係を作ることができれば—自分自身の感情を敏感に気づき，それを受容することができれば—そうなれば他人に対しても援助的関係が作れる見込みが大いにできてくる。」

　ロジャーズ（1958）はまた無条件の能動的傾聴（unconditional positive regard）や共感的な理解（empathic understanding）について次のように論じている。

　「"クライアント中心性"をますます強調するようになった。なぜならカウンセラーがクライアントを，彼が自己を知覚するそのままの姿で理解しようとすることに完全にその精神を集中するならば，それはそれだけますます効果的になるからである。」

　「カウンセラーがその瞬間におけるクライアントの自己を見る見方を理解してやることができるならば，あとのことは，彼が自分でやっていけるということを認めるようになった…」

　「クライエントがどんなことを言っても，私の感情は変わらない…私はク

ライエントおよび彼の言葉を是認しようとも否定しようとも思わない…ただ受容するだけである…私はクライエントに対し，その能力はもちろん，弱点や問題についても，温かい気持ちを持っている…私は，クライエントの述べることに判断を下そうという気持ちはない…私はクライエントが好きである。」

　つまり，「無条件の能動的傾聴」「共感的な理解」とは，セラピストの強靭なる「一致」という命綱を頼りとして行う命がけの仕事であることがわかる。

　こうしたセラピストとしてあるべき姿は一朝一夕に身につけられるものではなく，長年の訓練と経験を要することはいうまでもない。

　さらにロジャーズは，こうした望ましいセラピストとの人間関係のなかでクライアントが変容していくプロセスについて，7つの段階を見出している（表13-2）。この過程の各段階は順に進んでいくものであり，ある段階を飛び

表13-2　サイコセラピーの7段階

第1段階	体験の仕方が固定的で隔絶されている。 自分自身について話さず，外的なことだけ話す。 問題は自分にではなく，外部にあると感じている。
第2段階	わずかな開放と流動が生じるが自己イメージはきわめて固定的である。
第3段階	カウンセリングを求めてくる段階 …回顧的，記述的，第三者的に自分を語り，感情の受容はわずかである。
第4段階	自己イメージが少しずつ開放され，こうありたいという自分について語られ始める。感情が流れ始めるが躊躇を伴う。
第5段階	経験とそれに伴う感情が開放され，過去の感じ方，考え方から徐々に自由になる。高度で正確な内的コミュニケーション（自問自答）が生まれてくる。
第6段階	自然な感情の流れが生まれ，生理学的にも開放された体験過程が生じ，内面的コミュニケーションが減っていく。問題そのものを十分に受容しながら生き始める。過去の自己解釈から解放される。不思議さ，おそろしさをともなった，ある種の感動を体験する。
第7段階	さまざまな状況をいつも新鮮さを伴って「今あるがままに」体験し理解する。内面的コミュニケーションも，他人との関係も自由となり，変化し続ける流れのなかで自分自身を十分に生きている。

出所：ロジャーズ　1958『サイコセラピィの過程』ロージァズ全集第4巻（岩崎学術出版社）から筆者が作成。

越えて進むことはない。またこの1人の人間の自己実現過程は，何週間も何ヵ月も，ときに何年も経て成し遂げられるものである。

3. ユング派の心理療法

　ユング（C. G. Jung, 1875-1961）は，一時期「無意識」をめぐってフロイトと共同研究をしていたが，性本能を人間の心的活動の源泉と考えたフロイトと意を異にして1913年に決別した。決別後ユングは5年にも及ぶ凄まじい夢や幻覚の体験を繰り返したが，この内的な危機の経験をやがて「分析心理学」として結実させていった。ユングはまた，統合失調症患者の幻覚や妄想の内容も，その意味を理解できる場合があることを認めた最初の精神科医でもあった。こうした研究からユングは，無意識には個人的無意識を超えたより深い民族共通の無意識や人類共通の「普遍的無意識」の存在を提言した。また，意識の中心を「自我（エゴ）」とよび，さらに意識と無意識をあわせた広大な心全体の中心を想定して「自己（セルフ）」と命名している（図13-3）。

　自我は個人の意識をある程度安定した状態に保ちつつ，1人の人間の人格を維持している。しかし人生には，ときにこの意識の安定が揺るがされ崩されることによって，さらに異なるレヴェルの統合が生まれることがままある。

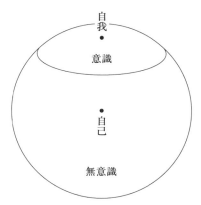

図 13-3　自我と自己
出所：河合隼雄　1989『生と死の接点』岩波書店

これは自我にとっては脅威と感じられる事態であるが，「自己」の立場に立てばこうした変容は必然のことである。ユングは人間の一生を，心の大いなる全体性の実現を目指すプロセスとして考え，「個性化の過程」と命名している。

　このユングの理論に基づいて実施される心理療法は，広くユング派の心理療法とよばれている。したがってユング派の心理療法では，クライアントの苦しみや症状を否定的に捉えることをせず，むしろ，1人の人間がさらなる成長を遂げるための試練であり，また大切な鍵であると理解する。実際の心理療法では，夢分析，箱庭療法，芸術療法などが用いられ，「イメージ」の役割が大変に重視されている。

　ユングは「夢を見るのではなく見させられる，それが夢の秘密である。」と名言を残している（ユング，1987）。…では夢はどこからやってくるのか？われわれ（自我）に夢を見させるのは何者であるか？　…この疑問こそ，夢をはじめとするイメージがユング派の心理療法で重視される理由を物語っている。自我ならざる領域からもたらされる「イメージ」の働きかけこそが，心の変容を促す手がかりとして重視される。ユングは，人類の普遍的なレベルの類型的イメージのもとになるいくつかの「元型」を仮定して，イメージをその象徴として理解する方法を発案した。また，たまたま生じたと受け止められがちな，いわゆる「偶然の一致」とよばれる現象を，実は必然的なつながりのある出来事として捉え，「共時性」の概念を用いて因果的思考を超えた人間理解を試みている。

　一方ユングは「われわれは，夢が好意的な意図をもっているなどと考えてはいけない。自然は親切で寛大であるが，まったく残酷でもある。そういう性質を内に含んでいる。」（上掲書）という無意識の破壊的側面について警告を発することも忘れなかった。

4. 芸 術 療 法

　芸術療法（art therapy）の基本が，クライアントと心理治療者との関係性に

あることは，一般的な心理療法の場合と同じである（本章1節1.参照）。芸術療法では，絵やコラージュ（貼り絵技法の一種），詩や音楽などの各種の表現活動や表現物（作品）を媒介とすることで，クライアントと心理治療者との関係性が支えられ，心理的な相互作用が展開する。言葉だけでなく各種のイメージ表現を手がかりとすることによって，両者のコミュニケーションのチャンネルが拡大し，心的交流が深まるというメリットがある。また，幼い年齢のケースや緘黙等の理由のため，言葉による表現や交流が難しいクライアントの場合にも，この手法が有効な場合がある。

　美術的技法を応用した表現活動では，さまざまな素材（絵の具や画用紙，雑誌の写真，粘土や他の材料等）によって，クライアントの内界が刺激され，活性化して，さまざまなイメージや思い，感情が湧き起こる。それらを心のなかで体験するだけでなく，画用紙などの外部（外界）の空間領域において形を生み出し，加工するなどの物理的操作を行って，具体的な表現物として実体化することができる。たとえば，苦しい気持ちを「黒い雲」のイメージとして絵に表現するなどの心的－物理的操作である。そのように心的作業領域を目の前に拡張・展開して，心の内部と外部とを相互作用させながら，加工・修正するという実際的な創造過程を体験することが可能になる（図13-4参照）。そうした作業が，クライアントの自己理解を深め，心的変化を促進させることになる（佐藤，2001）。

　クライアントの表現活動を，心理治療者が傍で見守りながら受け止めるという芸術療法の環境が，クライアントの自己表現や内省を深めることになる。その際の表現はイメージを用いたものになるので，直接言葉で語る場合に比較して，無意識の防衛機制を回避しやすいという特徴もある。

　芸術療法は心理検査を目的とするものではないが，表現された作品の特徴にはクライアントの個性や心的状態が反映されるから，心理治療者はクライアントに対する理解を深めることができる。芸術療法で用いられる各種の表現活動には遊戯療法に通じる楽しさがあり，スクールカウンセリングでも導入しやすい方法と期待される。砂箱とミニチュア玩具で風景をつくる箱庭療

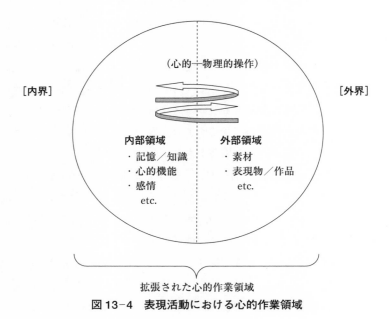

（心的─物理的操作）

［内界］ ［外界］

内部領域 外部領域
・記憶／知識 ・素材
・心的機能 ・表現物／作品
・感情 etc.
etc.

拡張された心的作業領域

図 13-4　表現活動における心的作業領域

法（河合，1969）もイメージ表現を用いる代表的な心理技法であり，参照する
とよい。

5. 認知行動療法

　認知行動療法（cognitive behavior therapy）は，認知心理学や学習心理学，行
動主義心理学などの理論を応用した心理療法である。古典的な行動主義心理
学では刺激に対して反応・表出される行動だけを取り上げて内的な要素を想
定しないが，認知心理学では思考や信念などの"心的プログラム"（本章1節
1.参照）に相当する内的な認知的要素を行動の決定因と考える。現在の心理
学では，認知的要素と行動を結びつけて考えることが一般的であり，それが
認知行動療法に関連する各種の心理療法の考え方に反映している。
　認知的要素に焦点を当てた心理療法にはいくつか種類がある。症状として

の不適切な情動反応や行動を引き起こす不合理な思考や信念（Ellis, 1994/1999）に気づかせて，それを修正するように働きかけるのが論理療法（REBT : rational emotive behavior therapy）とよばれる心理技法である。同様に，間違った決めつけや推論のような論理的誤謬，あるいは否定的・悲観的傾向に偏りがちな自動思考（Beck, 1976/1990）などに気づかせ，修正するように働きかけるのが認知療法（cognitive therapy）である。行動療法（behavior therapy）は，学習や条件づけを応用した手続きによって，症状である不適切な行動を直接的に操作し，改善しようとする。そのときに得られる「うまくコントロールできた」という成功体験は，症状に結びついている不適切な認知的要素の修正にも有効に作用する。そうした心理機制を積極的に利用するのが認知行動療法である。実際の取り組みでは，不安や緊張，抑うつなどのさまざまな症状に影響を与えているクライアントの認知的傾向や，状況が改善しないままそれが繰り返されている理由などを明らかにして，クライアントがそのことを自覚し，意識的に変えるように働きかける。そのように，認知行動療法では行動のコントロールの能動的側面を強調する特徴をもっている（坂野, 1995）。

　認知行動療法の考え方は，適切で望ましい目標状態を示して，不適切な行動をそこに導き改善するという教育的指導と共通する面をもつ。スクールカウンセリング活動の広がりとともに，ストレスへの対処能力を高めたり，人間関係を改善したりするために，メンタルヘルスや人間関係に関する心理教育を導入する機会が，今後増えてゆくと予想される。認知行動療法の方法や考え方は，そうした取り組みのうえで，応用しやすい方法の1つと考えられる。

6. 家族療法

　家族療法（family therapy）は，1950年代後半よりアメリカで発展した心理療法である。当時，精神分析が精神療法の主流で，すべての問題の原因は個人内にあるとの見方が中心であった。ところが，統合失調症の患者や子ども

たちの治療をするなかで，個人内に問題を探し，その問題を解消することでのみで問題を解消しようとすることへの限界を感じ，異議を唱えるものが現れ始めた。なかでも，ベイトソン（G. Bateson）グループは，統合失調症の患者の家族のコミュニケーション研究を通して，その発生因の1つとして「ダブルバインド理論」を提唱した。つまり，矛盾するメッセージを含むコミュニケーションを受け続けると，人は自閉的，無気力になり，ひいては統合失調症を発症しやすくなるとの仮説を立てた。

これらの研究や理論生物学者バータランフィー（L. von Bertalanffy）の一般システム理論をもとに，家族システム理論を展開させてきたのが家族療法である。

家族療法では，家族を1つのシステムとして捉えるため，個人をクライアントとせず，家族をクライアントとする。そして，家族のなかで問題を抱えている者を IP（identified patient：問題を抱えているとみなされている人）とよぶ。IP の心の問題は，家族システムが機能不全を起こしている結果起こるものであるという見方である。それゆえ，面接は，問題を維持する悪循環のコミュニケーション（言語・非言語を含む）や家族の構造などのシステムを変化させて，問題を解決することを目標とする。面接形態は個人面接ではなく，家族（全員や一部）と面接していくことになる。家族システムにアプローチしていくため，たとえば不登校・ひきこもり，家庭内暴力などの IP が面接に来なくても両親面接のみで問題解決が図れることは家族療法の強みである。

【家族療法の主要な考え方】

①家族は相互に規制し合う成員から成り立っている。それを家族システムとよぶ。

②直線的因果論的（原因→結果）な見方を避け，原因と結果はお互いに影響し合い，循環するという循（円）環的因果律の見方をする。

③家族の相互作用はそれぞれ家族特有の型（家族神話）がある。

④この型から逸脱する行為が起こると，家族システムはそれを制限しようとする働き（モルフォスタシス：形態安定性）を起こす。そのため，カウン

セラーが家族システムをすぐに変化させようとするとこのメカニズムによって抵抗が起こる。

⑤家族には，システムの変化を求められる転換期がある。この時期は苦痛を伴うが，健康な家族は柔軟性を示し適応に成功するが，不健康な家族は変化が妨げられ，家族員が心理的な症状を呈することがある。

⑥カウンセラーは，家族システムへ活発に働きかけながら，家族をエンパワールし，よりよい変化を手助けする存在である。

7. 解決志向アプローチ（Solution-Focused Approach）

　家族療法のなかの，アメリカ・カリフォルニア州にある MRI（Mental Research Institute）のコミュニケーション学派の短期療法の影響を受けて，ドゥ・シェーザー（S. de Shazer）とその妻，キム・バーグ（I. Kim-Berg）によって提唱されたアプローチである。問題に焦点を当てるのではなく，解決の構築に焦点を当てて介入するため，解決志向アプローチといわれている。ドゥ・シェーザーは，人は問題を解決する技法をもっており，うまくその能力と解決のためのリソース（資源）を生かすサポートをすれば問題を解決することができると述べている。短期間で問題を解決できるアプローチであるため，教育や医療，看護など比較的忙しい職場で短期に効果をあげられるアプローチとして注目されている。

　小さな解決が大きな解決につながるという考え方をもとに，その課題介入では十分なコンプリメントと小さな変化を奨励する方法が多く用いられている。

【解決構築するための質問】

1）　例外探し

　例外とは，問題が起こっていない状態をさす。つまり，例外とはすでに起こっている解決の一部になる。問題が起こっていない（例外）とき，何が起こっているのかという情報を得て，それを続けるように勧める。つまり，すでに起こっている解決策をより意識的に「Do more」することで例外的に生

じている良循環を促し，解決を確実なものにつなげていく方法である。

「例外探し」と「観察課題」の例として，夜尿（おねしょ）がある小学生低学年の子どもをもつ親との面接の場合を見てみよう（Co：カウンセラー）。

親　「もう小学生ですのに…いまだに夜尿がとまらず…とても心配で…。」

Co　「小学生になっても夜尿があって，心配しておられるのですね。」

親　「はい。」

Co　「ところで夜尿は，毎日あるのですか？」

親　「いいえ，毎日ではありません。週に２日くらいですかね。」

Co　「ということは，残りの５日は夜尿がない日があるということですね。」

親　「はい，そうです。」

Co　「夜尿がある日と，ない日にはどんな違いがあるのでしょうか？　次回までに観察をしてきてもらえますか？（観察課題）」

親　「わかりました。でもそういえば，いつもは帰りの遅い父親と外で思いっきり遊んでもらった週は，そういえば，夜尿が少ないかもしれません。（例外）」

Co　「そうですか。なるほど。ほかには何かありますか？」

親　「私があまり怒らなかった日ですかね…つい，いらいらしてしまうもので…」

Co　「そうですか…。イライラすることもありますね。それでは，再度お父様に協力してもらって，遊んでもらうこととお母様が叱らないようにするとどうなるか観察してきていただけますか？（例外の催促と観察課題）」

2)　ミラクルクエスチョン

「今夜，眠っている間に奇跡が起こって今の問題がすべて解決したとします。翌日に目が覚めたら奇跡が起こったことはどのようにしてわかりますか？　どんなことが違っていますか？」，「その変化に誰がどのようなことから気づくでしょう？」と質問する。そこで答えられた内容は，クライアント

にとっての解決後の姿になり，目標ともなる。

3）　スケーリングクエスチョン

　気持ちや状態を数字で表すことで，明確にクライアントを把握しやすく，目標も設定しやすくなる。たとえば，以下のようなやり取りがなされる（以下，Cl：クライアント，Co：カウンセラー）。

　　Cl　「とても苦しいです。」

　　Co　「10が最大に耐えられない苦痛，0は問題がない状態とすると今はどのくらいですか？」

　　Cl　「9です。」

　　Co　「それでは，あなたの苦しさがどのくらいになるといいですか？」

　　Cl　「1くらいです。」

　　Co　「それでは，まずは今の苦しさを7にするためにはどのようなことが起こるといいでしょうか？」

　　Cl　「母が私の話を聞いて苦しさを少しでも理解してくれたらいいのかもしれません。」

4）　コーピングクエスチョン

　「こんなに苦しいなか，どうして今までやってこられたのですか？」，「どうして，こんなに大変なことをやり遂げられたのでしょう？」などと質問することにより，すでにクライアントが行っている解決策やリソースを引き出す質問技法である。

●参考文献

　　Beck, A. T. 1976 *Cognitive therapy and the emotional disorders*. International Universities Press（大野　裕訳　1990『認知療法：精神療法の新しい発展』岩崎学術出版社）

　　Ellis, A. 1994 *Reason and emotion in psychotherapy*. Carol Publishing Group（野口京子訳　1999『理性感情行動療法』金子書房）

　　Hofstede, G. 1997 *Cultures and organizations: Software and mind*. McGraw-Hill.

　　Johnson-Laird, P. N. 1988 *The computer and the mind*. Harvard University press.

Jung, C. G. 1987 Kinderträume. Walter Verlag（氏原寛監訳　1992『ユング・コ
　　レクション 8　子どもの夢 I』人文書院）

カール・ロジャーズ（畠瀬直子訳）　2007『新版・人間尊重の心理学　わが人
　　生と思想を語る』創元社

Kalff, D. M. 1966 *SANDSPIEL*（河合隼雄監修　大原 貢・山中康裕共訳　1972
　　『カルフ箱庭療法』誠信書房）

河合隼雄編　1969『箱庭療法入門』誠信書房

河合隼雄　1989『生と死の接点』岩波書店

河合隼雄　1992『心理療法序説』岩波書店

前田重治　1994『続図説臨床精神分析学』誠信書房

森谷寛之・杉浦京子・入江 茂・山中康裕編　1993『コラージュ療法入門』創
　　元社

Rogers, C. R. 1942 *Counseling and Psychotherapy*（佐治守夫編，友田不二男訳
　　1966a『カウンセリング』ロージァズ全集第 2 巻，岩崎学術出版社）

Rogers, C. R. 1958 *Process of Counseling and Psychotherapy*（伊藤 博編訳　1966b
　　『サイコセラピィの過程』ロージァズ全集第 4 巻，岩崎学術出版社）

Rogers, C. R. 1961 *On Interpersonal Relationships*（畠瀬 稔編訳　1967『人間関
　　係論』ロージァズ全集第 6 巻，岩崎学術出版社）

坂野雄二　1995『認知行動療法』日本評論社

佐藤 静　2001『コラージュ制作過程の研究』風間書房

佐藤 静　2005「心の健康」，菱谷晋介・田山忠行編著『心を測る』八千代出版
　　pp. 215-227

第14章

カウンセリングを学ぶための体験学習

　本章では，カウンセリングを学習する際に欠かすことのできない感性訓練のための体験学習の方法について述べる。

1節　自己理解（自己覚知）と他者理解

　カウンセリングや対人援助をする際に，必要とされるトレーニングには，理論学習や技法学習とともに，カウンセラー自身の人間性や感受性を高めるための自己理解（自己覚知）のためのトレーニングが必要である。

　自己理解を通して，他者理解ができるようになる。また，自分自身と向き合う作業を通して，自分の長所や短所，価値観や感じ方に気づき，これらの自分をあるがままに受容できて，初めて他者をもあるがままに受容できるようになるのである。自己理解の作業は，自分自身の偏見や囚われに気づき，

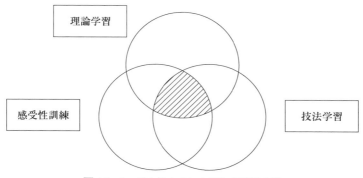

図14-1　統合的カウンセリング学習方法

クライアントの感情に共感しつつも巻き込まれない態度を身につけていくうえでも大変重要な訓練になる。自己理解は農業でたとえると土を耕すような地道な作業ではあるが、いい土地ができて初めてさまざまな理論や技法の種の苗が根づき、生かせるのである。精神分析においても、教育分析は精神分析家になるための必修のトレーニングになっている。これは、カウンセラー自身の未解決の心の問題を知り、解決を図ることで目の前に現れたクライアントとの関係の逆転移を防ぎ、よりよい援助者になることにつながるからである。筆者の経験では、実際のクライアントを目の前にしたとき、カウンセラーが自信をもってクライアントと対峙できる姿勢は、3つの輪の重なる斜線の部分で培われることを実感している。

1. 逆転移とは？

　カウンセラーの内的な世界をクライアントに投影することをさし、必要以上に感情的に巻き込まれてしまい、冷静で客観的な態度を見失ってしまうことをいう。これらは無意識的に起こるため、教育分析やスーパーヴィジョンが必要である。

【逆転移の例】

　①いじめられていると訴えるクライアントの相談に乗っている相談員Aは、クライアントの話を聴くうちにいじめっこに対する怒りの感情や、無力感でかき乱され、冷静にクライアントの話を聞いていられなくなった。その背景に、A自身が中学生のときにいじめを受け、そのときに受けた心の傷の問題が未解決のままであることに気づいた。

　②クライアントに恋愛感情を向けられて（転移感情）、カウンセラー自身もクライアントに対し、恋愛感情をもつようになってしまった。カウンセリングのなかでクライアントからカウンセラーに向けられる感情は、一時的に起こる転移感情であるため、その感情に巻き込まれて逆転移を起こさずに、むしろ、転移感情を用いて治療を深めていく専門家としての態度を保持することが重要である。

2. 自己理解の方法と留意点

　自己理解は，簡単なようで難しい作業である。自分自身の心に向かい合う作業は，あたかも自分自身の顔を見るような作業である。そのため，自分自身の心を映し出してくれる鏡のような存在が必要となる。1人で取り組むよりも，グループやスーパーヴァイザーについて行うほうが安全である。作業は，ありのままの自分自身に向き合うことから始まる。作業を通して，新たな自分に気づいたときに，「ダメだ」と自己評価をしないことが大切である。「こういう自分がいるのだな，今は」と受け止めることが大切である。特に，認めたくない自分に出会うと，否認したい感情が湧き起こり，心の痛みが伴うことがあるかもしれない。しかし，それは，気づけたことに深い意味があることをよく知っておく必要がある。「こういう状況では，こういう自分が出てくるのだな，今は。このことに気づけただけでも自分自身に力がついた証拠」と受け止めるようにしてほしい。人の心にはさまざまな心理的な防衛機制が働いているので，心が健康である限り，受け止め切れないような気づきは意識にのぼらないので安心して取り組めばよい。

　自己理解の方法はさまざまな方法があるが，自分自身の感じ方や考え方・行動がどこからくるのか自身の生育歴や家族関係を振り返り，未解決の心の問題がないかを見ていくことが大切である。

　水野（2001）は，過去の大きな失敗や成功体験などを通して，人の評価や承認欲求の強さがどのくらいあるのか，どのくらい失敗を恐れるのか，あるいは，成功を望むのか，完璧をどこまで目指す傾向があるのかなどを知ることにより，自分自身からの縛りから解放され，自由に感じ考え，行動できるようになると指摘している。

2節　交流分析のエゴグラムを通しての自己理解

　自分自身を知る1つの手がかりとしてさまざまな心理テストがある。ここでは，交流分析のエゴグラムを紹介する。

1. 交流分析とは？

　交流分析（TA：Transactional Analysis）は，アメリカの精神科医バーン（E. Berne）が 1950 年後半から提唱し始めた。若い頃から，精神分析医を目指した彼は，長期間にわたりトレーニングを積んで分析医の資格認定を目指したが思い叶わず，1957 年に最初に「効果的な新しい集団心理療法としての TA」に関する論文を発表した。これが大きな注目を集め，アメリカの精神療法家の間に広く紹介された。

　1964 年には，*Games people play*（人生ゲーム入門）が刊行され，ベストセラーとなり，世界中に広まった。バーンは亡くなる 1970 年までサンフランシスコの自宅でセミナーを開き，TA の普及に力を入れた。日本では，九州大学の池見酉次郎，杉田峰康らによって心身医学会に導入され，心身症，神経症の治療に大きな効果を上げ，心理学関係では南博，深沢道子らによって紹介された。

　TA は，精神分析の影響を多く受けながらも精神内界の構造やコミュニケーションのやり取りなどを簡潔明瞭に図式化して説明している。TA はグループアプローチが中心であるが，後に個人療法にも適応されている。「今，ここ：here and now」での決断が重要視され，自分の過去との訣別による新しい出発がその治療目標となる。

　TA は，①**構造分析**（自我状態を大きく P, A, C に分け説明し，さらに P を CP, NP に，C を FC, AC に分け，5 つの状態で分析），②**交流パターン分析**（2 人の間のコミュニケーションがどの自我状態でなされているかを分析），③**ゲーム分析**（表裏の交流で，お互いが労多くして，気まずい結果になる非生産的パターンのコミュニケーションゲーム：例「はい，でも…」，「Kick me!」など），④**脚本分析**（人生を脚本とみなし，自分自身の人生脚本を見直し，書き換えるための分析）で成り立っている。

2. エゴグラムとは？

　デュセイ（J. M. Dusay, 1977）によって開発されたもので，当初は，イメージで書くものであったが，後に 5 つの自我状態を認識できる質問紙で測定で

きるようになった。

TEGエゴグラム（テグ）は，東大グループによって多変量解析を用いて妥当性・信頼性を十分に検討されて開発されたものである。

【自己理解の手立てとしてのエゴグラムの実施法】

1) 方法

1回目を「ありのままの自分」で回答し，2回目を「理想とする自分」になり回答する。最終的に2本の折れ線グラフが描かれることになる。

2) 目的

自分自身の理想像の自我の状態と，現実像の自我状態が明確化される。これをもとに理想とする自分に近づくためには，どの自我状態を伸ばせばよいのかが具体的に提示されるため自己理解をする手立てとして非常に有効である。

3) 留意点

回答後に理想像が本当に望む姿なのかを再検討する必要もある。というのも，理想像で極端な数値が出てくることが往々にしてあるからである。その場合は，理想像を現実的なものに引き下げることにより理想像と現実像とのギャップを少なくすることも可能である。また，人の長所と短所は，コインの裏表のような関係であることに気づき，両方の側面を理解することにより，長所を生かすことができるようになる。

3. エゴグラムの結果の見方

1) 親のような自我状態

CP（批判する親）：価値観や信念を貫く部分で点数が高いほど責任感が強く，理想を高くもつ傾向がある。しかし，一方で，相手を批判したり，非難したりしやすいところもあるため，CPが強すぎると支配的・権威的になり，人から敬遠されることがある。逆に得点が低い場合は，おおらかな半面，ルーズでけじめや批判力に欠ける面がある。

NP（養育的な親）：優しい共感を示す部分で，世話したいという気持ちが強

表14-1　TEGエゴグラムグラフ用紙

年　　　月　　　日実施（　　　）回目

氏名（　　　　　　　）

	男	女	男	女	男	女	男	女	男	女
	CP		NP		A		FC		AC	
	I		II		III		IV		V	

パーセンタイル：100／99／95／90／80／70／60／50／40／30／20／10／5／1／0

平均値

出所：東京大学医学部心療内科編著　1995『エゴグラムパターン』金子書房，p. 39。

く，人を責めるよりも，ほめるという生き方をする。けれども NP の得点が高くなりすぎると，相手の自主性を損ない過保護やおせっかいになってしまうことがある。

　A（大人の自我状態）：事実に基づいて行動判断しようとする部分で，論理的，合理的に観察／判断をする自我状態。A の得点が高すぎると機械的で冷たい印象を与えてしまう。逆に得点が低い場合は，論理性に欠け，思い込みで行動判断してしまう傾向がある。

　FC（自由な子ども）：得点が高いほど天真爛漫で感情表現も自由で自発的，よく遊び，よく笑い，伸び伸びと明るく，想像力に富む。嫌なことは嫌と表現できる。しかし，一方でわがままで軽薄に見られることもある。一般的に FC が豊かな人は健康である。

　AC（順応した子ども，いい子ちゃん，内心反抗的）：がまんしたり，妥協しようとする部分で本来の感情を抑えて，周りに合わせようとする自我状態。従順だが自然な感情を表現できないため，表には出さないが内心で反抗的になり，ときに激しく癇癪を起こすこともある。

　なお，折れ線の形による判断もできるがそれは，東京大学医学部心療内科編著の『エゴグラムパターン』（金子書房）を参照されたい。

3節　信頼実習

　カウンセリングでは，クライアントとラポール（信頼関係）をつくり，安心した関係性，安全な環境のなかで相談を進めることが何より重要である。「目隠し」による実習を通して，信頼とは何かを体験学習する。

1）　方法

①3人1組になる。1人が目隠しをし，1人が道案内，1人がタイムキーパー兼オブザーバーとなる。

②1人が目隠しをし，もう1人が道案内をする。最初の5分は会話をしないで道案内をする。後半5分は会話をしてもよい。道案内をする人は，目隠

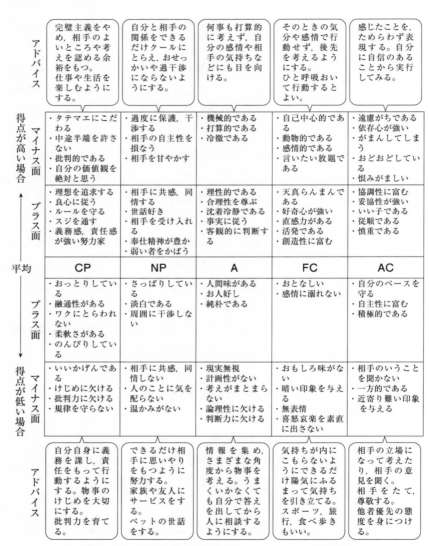

図 14-2　TEG 5 尺度の現れ方　（行動パターン）早見表

出所：東京大学医学部心療内科編著，前掲書，pp. 44-45。

しした人が安心して歩けるように工夫する。

③役割交代。3人が3つの役割を順番に行う。

2) 体験のポイント―安心・安全・自信―

①信頼とは何か？を考える

②どのようなときに相手を信頼でき，どのようなときに相手を信頼できなかったか？

③信頼すると，心理面・行動面にどのような変化が起こるかを観察する。

4節　面接の7つの原則

カウンセリングでは，原則を十分に踏まえたうえで援助技法を適応することを忘れてはならない。

ここでは，バイスティック（F. Byesteck）の7つの原則を紹介する。

1) クライアントを固有な個人として捉える（個別化の原則）

基本的人権の尊重を具体化した1つの考えである。人種，宗教，性別，思想および信条で差別をしたり，偏見視したり，ラベリングせずにありのままにクライアント個人を捉えることを示す原理である。

2) クライアントの感情表現を大切にする（意図的な感情表現の原則）

感情が十分に表現されたとき，初めて人は心が癒され，解決策を導き出すための心の余裕がもたらされる。よって，クライアントの感情表出を促し，クライアントの主観的事実に耳を傾け，共感・受容することが重要である。また，「感情を伴った言語化と（問題）行動化は反比例する」といわれており，辛い感情や怒りの感情が十分に言葉で表現されたときには，実際に問題行動を起こす確率は少なくなるともいわれている。

3) 援助者は自分の感情をコントロールする（統制された情緒的関与の原則＝援助者自身の自己理解の必要性）

援助者がクライアントに対し，偏見や私情を交えずに傾聴・共感しつつもクライアントの感情に巻き込まれず，専門家としての姿勢を崩さずに関わる

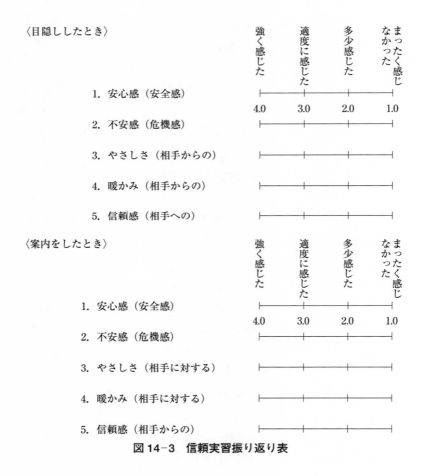

<〈目隠ししたとき〉

	強く感じた	適度に感じた	多少感じた	まったく感じなかった
1. 安心感（安全感）	4.0	3.0	2.0	1.0
2. 不安感（危機感）				
3. やさしさ（相手からの）				
4. 暖かみ（相手からの）				
5. 信頼感（相手への）				

〈案内をしたとき〉

	強く感じた	適度に感じた	多少感じた	まったく感じなかった
1. 安心感（安全感）	4.0	3.0	2.0	1.0
2. 不安感（危機感）				
3. やさしさ（相手に対する）				
4. 暖かみ（相手に対する）				
5. 信頼感（相手からの）				

図14-3　信頼実習振り返り表

ためには，援助者自身の自己理解，自己覚知や教育分析，スーパーヴィジョンはとても重要な役割を果たす。

4）　クライアントをありのままに受け止める（受容の原則）

　受容とは，クライアントをあるがままに受け止めようとする専門的態度の1つである。自らの矛盾や不合理さに混乱し，苦しむクライアントの気持ち

を十分に共感・受容することが大切である。クライアントは丸ごと受容される体験を通して，自分自身を客観視する余裕ができ，変化をもたらす洞察が促されることになる。ただし，自分や他人を傷つける「自傷他害」に及ぶ行為や不法行為に関しては，例外となり，毅然と NO という態度を示すことが必要である。あくまでもそうせざるを得なかった心情に共感し，受容することが大切である。

5)　非審判的態度の原則

　カウンセラーは，審判官になってはならない。その物事を判断するのは，あくまでクライアント自身であることを忘れてはならない。

6)　自己決定を促して尊重する（自己決定の原則）

　問題解決への決定は，クライアント自身によってなされるべきものである。人は，自分自身で決定した事項に関しては，自分自身で責任をとろうという主体的な態度が培われ，多少の困難でも乗り越えて行こうとする強さが生み出される。

7)　秘密保持の原則

　職務上，知り得た秘密は他者にもらしてはならない。ただし，その内容が自他に危害を加えるおそれのあるもの（自殺・犯罪・虐待など）に関しては，この限りではない。

　なお，守秘義務に関しては，「日本臨床心理士会倫理綱領」を参考にされたい。

日本臨床心理士会倫理綱領（抜粋）

第2条　秘密保持
　会員は，会員と対象者の関係は，援助を行う職業的専門家と援助を求める来談者という社会的契約に基づくものであることを自覚し，その関係維持のために以下のことについて留意しなければならない。
2-1　秘密保持
　業務上知り得た対象者及び関係者の個人情報及び相談内容については，その内容が自他に危害を加える恐れがある場合又は法による定めがある場合を除き，守秘義務を第一とすること。
2-2　情報開示
　個人情報及び相談内容は対象者の同意なしで他者に開示してはならないが，開示せざるを得ない場合については，その条件等を事前に対象者と話し合うよう努めなければならない。また，個人情報及び相談内容が不用意に漏洩されることのないよう，記録の管理保管には最大限の注意を払うこと。
2-3　テープ等の記録
　面接や心理査定場面等をテープやビデオ等に記録する場合は，対象者の了解を得た上で行うこと。

5節　コミュニケーション技法とカウンセリング

　本節では，クライアントとの信頼関係の築き方，傾聴の方法，自己決定を促しながら問題解決を促進するためのコミュニケーション技法について学習する。

　コミュニケーションには，「非言語コミュニケーション」と「言語コミュニケーション」のレベルがある。社会心理学者A. メーラビアンやC. ギャラウェイらの研究によると，コミュニケーションの与える影響の割合は，言語コミュニケーションが7％，準言語（声の調子・強弱など）コミュニケーションが38％，そして非言語コミュニケーションが55％という結果が出されている。つまり，コミュニケーションにおいては「何を」いうかではなく，「どのように」いうかが実はとても重要であることを示唆している。

1. 非言語コミュニケーション

　非言語コミュニケーションとは，態度，表情，姿勢，呼吸，身振り，手振り，目線，沈黙，位置，距離などが含まれる。

1）　実習：座り方と距離（プロシミックス・対人空間）

　人はそれぞれパーソナルスペースとよばれる空間がある。パーソナルスペースを侵されると不安感・不快感・脅威を感じる。自分自身のパーソナルスペースを確認してみる。

　実習を終えて：プライバシーの対人空間の心理は文化差があると述べたのは，ホール（E. Hall）である。ホールは対人距離を①親密距離（0〜10cm），②パーソナルスペース（60〜120cm），③ソーシャルスペース（120〜240cm），④パブリックスペース（3.7〜10m）の4つに分けた。面接をするときには，80cm から 120cm くらいの距離が適当であるといわれている。座る位置は，対面法（斜め），直角法（2人の角度が90度）が緊張感を緩和しながら面接する方法として望ましいとされている。

2）　実習：ペース合わせ

　2人ペアになり，非言語コミュニケーションのペース合わせをしながらトピックについて話す。

①ペースを合わせて話す（10分）

②ペースをはずして話す（5分）

　実習を終えて：グリンダー（J. Grinder）とバンドラー（R. Bandler）によって開発された神経言語プログラミング（NLP : Neuro-Linguistic-Programming）理論によると，クライアントの非言語コミュニケーションにペースを合わせることで，信頼関係が早く樹立しやすくなるといわれている。この研究は，アメリカの3大セラピストといわれているゲシュタルトセラピーの創始者パールズ（F. Perls），家族療法家のサティア（V. Satir），催眠療法家のエリクソン（M. Erickson）の面接の分析結果，共通項としてあがってきたものである。ペースを合わせるとは，姿勢，表情，目線，口調，話すペース，身振り手振り・代表システムをクライアントに合わせていくことである。代表システム

とは，物事を認知するときにその人によって優位となる感覚器のことをさす。代表システムには，①視覚（V）タイプ，②聴覚（A）タイプ，③触運動感覚（K）タイプがある。視覚タイプは目からの情報が最もインプットされやすく，視線がよく動く。テンポも速く快活に見える傾向がある。聴覚タイプは，音や喋り方などに敏感に反応し，視線は耳を軸として床と平行で動きやすい。触運動感覚タイプは，視線は，伏し目がちで話すテンポもゆっくりで，雰囲気や肌感覚に敏感に反応する傾向がある。それぞれ言葉遣いも「～に見える（Vタイプ）」，「～に聞こえる（Aタイプ）」，「～に感じる（Kタイプ）」と異なる特徴が見られる。

3）　実習：姿勢と感情表現の特徴

　さまざまな姿勢をとることによってどのような感情が出てくるかを体験する。

　①腕組み（腕を抱え込む），②胴を硬く締める，③自分の体の一部を落ち着きなく触る，④椅子に深々と座る，⑤けだるい姿勢

　実習を終えて：アーガイル（M. Argyle）は *Bodily Communication*（Methen & Co. Ltd., 1988）のなかで次のようにその意味を述べている。「抱え込んだ腕」は自己防衛を示すメッセージ。「胴を硬く締める」は恐怖，「落ち着きのない姿勢」は不安感を，「椅子に深々と座る」や「けだるい姿勢」は性的衝動を示すメッセージであると指摘している。「腕」は自分の守る姿勢なのに対し，「脚」は異性への関心を示し，胴体の動きは情緒や不安の度合いと深い関係がある。

　その他，協調動作（お互いが無意識に行うペース合わせ）の観察をすることにより人間関係の情緒的な交流の深さを知ることができる。情緒的なコミュニケーションが図れていると協調動作が多く観察される。家族関係やグループの情緒的なつながり度合いを観察するときの手がかりとなる。

2. 言語コミュニケーション

　カウンセリングには，さまざまな非言語的なアプローチ（芸術療法・遊戯療

法・箱庭療法・絵画療法など）があるが，最終的には，言葉で自らの感情を言語化することを目指している。なぜならば言葉は一種のエネルギーなので，自らの気持ちを表現できたときにはカタルシスが起こるからである。つまり，クライアントは話しながら，不安や緊張の原因となっている感情を開放させるカタルシスを体験し，自分自身の気持ちの洞察・気づきを深め，問題解決の手がかりを発見していくのである。

　また，言語はその人の感情と行動を拘束する力があるため，自分のことをいつも「ダメだ」と思っている人は，自分自身の感情と行動に否定的な拘束を与えることで，本来はダメでないのにもかかわらず，「ダメ」な自分をつくり上げてしまう。これらの否定的な言葉の拘束から解放することを手助けするのもカウンセリングの果たす役割の１つである。

1）　傾聴訓練

　カウンセラーは傾聴を通して，クライアントの心の鏡の役割を果たすことになる。傾聴とは，カウンセリングの最も大切な基本である。現在は，さまざまな理論・技法があるが，クライアントの内的・外的世界を理解し適切な援助をしていくためには，まず，傾聴の姿勢ができていることが必須である。傾聴は書道でたとえると，筆のもち方，姿勢を含めた楷書の基本を学ぶようなものである。

2）　傾聴のポイント

　クライアントをありのままに受容，共感しながら以下の技法で話を聴く。

　①クライアントが心を閉ざしてしまうコミュニケーションをなるべくとらない。

【心を閉ざすコミュニケーション】

　＊指示，命令（〜しなさい）。

　＊注意（〜すると…になりますよ）。

　＊説教（〜すべきです）。

　＊提案（アドバイス）。

　＊講義，解釈，分析（〜だから・なのです）。

＊簡単な同意（じゃあ～しなくてもいいんじゃない）。

＊非難・侮辱・馬鹿にする（いつまでたってもダメだな・いつまで何しているの）。

＊同情・激励（がんばって，という言葉はうつ状態になっている人には禁句）。

＊ごまかし（まあいいじゃないですか，そんなに気にせずに）。

②繰り返しの技法　　クライアントの使った言葉をそのまま繰り返す。

③相手の内的世界を相手の立場から理解する。

④明確化　　クライアントが気づきかけていることを言語化する。「～だから…と感じるのですね。」

⑤相手のよいところを引き出す。

⑥閉じられた質問をするときは，yes-set の質問で相手が「はい」という返事が期待される質問をするとラポールが取りやすくなるといわれている。カウンセリングでの質問は多くは，「どのように感じられ（思われ）ましたか？」，「どうしてそう思われましたか？」などの開かれた質問によって進められることになる。質問は気づきや洞察を促進し，ソリューションを引き出すものがよいとされている。

3)　実習：単純受容とプラスのストローク（刺激）

①2人ペアになり，聴き手と話し手に分かれる。1人 10 分間，「今，一番興味関心のあること」について話す。聴き手は，話し手にペース合わせをしながら繰り返しの技法で話を聴く。

②役割交代。

③お互いの話を聴いて，好感がもてたところをフィードバックする（プラスのストローク）。

　実習を終えて：傾聴は，思いのほか難しい。傾聴ができるようになるためには最低でも 2～3 年くらいのトレーニングが必要であるとされている所以である。

　相手のよいところを引き出す訓練では，自分自身に劣等感が強いと，「引き下げの心理」が生じ，人のよいところよりもあら捜しをしたくなる。これは人は多かれ少なかれ劣等感情をもって育つためといわれている。自分自身

の劣等感や劣等感情を乗り越える手立てとしても自他のプラス面に気づき，引き出すトレーニングは重要である。

●参考文献

平木典子　1989『カウンセリングの話』朝日選書

松原達哉編著　2002『臨床心理学』ナツメ社

御手洗昭治　2000『異文化にみる非言語コミュニケーション』ゆまに書房

水野修次郎　2001『カウンセリング練習帳』ブレーン出版

第15章

心理アセスメント

　クライアントが相談機関や病院などを初めて訪れたとき（インテークの時期），まずその相談内容やクライアントが置かれている状況を十分に把握し，そのうえでどのような援助が可能であるか推定していく作業を心理アセスメント（心理査定）とよぶ。本章ではアセスメント面接，心理検査によるアセスメントと各種心理検査（発達検査，知能検査，性格検査）について述べる。

1節　心理アセスメントとは

　心理アセスメントの作業は，主たる訴えの理解，問題の発生や形成過程の理解，援助方針の選定や治療の中途，終結時の判定など多岐にわたる（表15-1）。

　心理アセスメントの方法は，アセスメント面接と心理検査の2つに大別さ

表15-1　心理アセスメントのプロセス

主訴の理解	例 ・自分の生き方を考え直したい（アイデンティティの悩み）。 ・人前で緊張しすぎて声が出なくなる（神経症水準の症状）。 ・幻聴が聞こえる（精神病水準の症状）など。
形成過程の理解	主訴に関する性格的要因，身体的要因，生育歴など家族関係，人間関係や環境的要因（周囲からの援助や妨害），人生観など。 （注：子どもの場合，親や教員からの情報収集も必要）
援助方針の選択 治療効果の判定	問題の性質や程度の判断，医学的治療の必要性の有無，クライアントの資質（現実検討力等）と成長可能性の推定，最適な援助方法の選択など。 治療中途，終結時などの判定と予後の予測など。

れる。心理アセスメントを実施するにはパーソナリティやその障害についての幅広い心理学的，精神医学的知識が必要である。

1. アセスメント面接（観察を含む）

第1に，問題の解決に向けて協力したいので，関係ありそうなことは何でも話してほしいこと，話の内容について秘密を守ることなどを伝え，できるだけ自由に話してもらい，必要に応じて質問を加える。また面接中のクライアントの態度や話し方，服装などの観察も大切である。緊張，不安，憂うつ，孤独，甘え，攻撃，恨みなどの情緒面の理解，知識の幅や知的水準の理解など多くの情報が得られる。観念的，感情的，直感的，自罰的，他罰的などの自己表現スタイルにも注目する。

必要があれば，その機関の他のスタッフ（医師，看護師，同僚，福祉士，教員など）やクライアントの家族，職場の関係者などから補助的情報や資料を得る。そこから重要な情報が得られることも少なくない。

2. 心理検査によるアセスメント

アセスメント面接では，生活史から問題の発生や今後の予測という時間軸および現在の状況の把握が中心となる。これに対して心理検査は，クライアントの「現在のパーソナリティ理解」を主たる目的として実施される。まず心理検査が必要であるかどうか検討すること，必要と判断されたら，実施目的と結果に関する秘密保持などをよく説明しクライアントの了解を得ること，さらに結果を本人に伝えて話し合うことなどが信頼関係を壊さないために大切なことである。心理検査にはさまざまなものがあるが，大別して発達検査，知能検査と性格検査に分けられる。また実施方法には個別式と集団式があるが，精査には個別式が適している。

心理検査は手続きが標準化されており，どの被験者にも同じ検査状況（教示，制限時間，刺激用具など）が与えられる。また結果の整理は，被験者の国籍，性別，年齢など所属集団（標準化集団）の統計的基準を参考にして進められる

（一部の投映法検査を除く）ものが多い。心理検査は，測定したいという側面が十分に測定されているという「妥当性」と，その検査の結果はいつも一貫性と正確性を保っているという「信頼性」の両方が備わっていることが重要である。

3. 性格検査には次のような効用がある。

①標準化されたテストによって比較検討のための客観的資料が得られる。

②短時間に多方面の情報が得られる。

③観察や面接では得られない情報を得る（面接では答えにくいことなども）。

④投映法テストなどからは心の深層の情報が得られる。

⑤検査するだけで，自己反省，自己洞察，カタルシスなどの治療効果が期待できる。

⑥今後のカウンセリングへの指針を得る。

⑦いくつかの心理検査を組み合わせて用いる（テストバッテリー）ことにより多面的理解が可能となる。

4. 心理検査実施上の注意

①被験者（心理検査を受ける人）が誰しも経験する次のような葛藤を十分理解し，必要に応じて緊張を和らげるよう配慮する。

抱えている問題と苦しみを理解し解決してほしい欲求	葛藤 ⟺	悪い結果が出ることへの不安結果を評価されることへの不快感

②実施上の具体的な注意を以下に示す。

  a.　適度な広さ，温度，明るさの静かな部屋で実施すること。

  b.　クライアントの体調が不十分なときは中止ないし延期する。

  c.　長時間かかる場合には適当な休憩をとる。

  d.　実施方法を十分に熟知していること，また正規の検査方法によること。

e.　援助を与えすぎないこと。

　③心理検査を選択する場合の注意を以下に示す。

　　a.　被検査者の気分に左右されやすいなど信頼性の乏しい心理検査に注
　　　　意する。

　　b.　年齢や能力によって実施できない心理検査もある。

　　c.　目的に応じて適切な心理検査を選ぶ。

　④解釈上の注意を以下に示す。

　　a.　投映法は実施方法もさることながら，解釈方法の習熟に時間を要す。

　　b.　発達，時代，文化等の結果への影響を見落としやすい。

　　c.　限界ある人間がもう1人の人間を理解することの限界を自覚するこ
　　　　と（あくまで補助的道具として扱い心理検査を過信しすぎないこと）。

2節　発達検査と知能検査

1. 発達検査

　発達検査とは乳幼児や就学前児の発達状況を調べる検査であり，発達基準
項目の通過率やプロフィールなどによって発達障害の早期発見が可能となる。
代表的なものを紹介する。

1)　津守式乳幼児精神発達質問紙

　乳幼児の発達の程度を保護者との面接から容易に推定することができる。
「1〜12ヵ月」，「1〜3歳」，「3〜7歳」用からなり，「運動」，「探索・操作」，
「社会」，「食事・排泄・生活習慣」，「理解・言語」の5領域について発達輪
郭表を作成して発達の進度や障害の理解の参考とする。

2)　遠城寺式乳幼児分析的発達検査表

　津守式同様，運動（移動運動・手の運動），社会性（基本的習慣・対人関係），言
語（発達・言語理解）について0〜5歳まで評定できる。

2. 知能検査

クライアントの知的・認知的機能の水準や，その機能の障害の様子を把握するために用いられる。代表的なものにビネー式知能検査とウェックスラー式知能検査がある。

1） ビネー式知能検査

フランスのビネー（A. Binet）がパリ市教育委員会の依頼で，1905年に健常児と精神遅滞児の弁別を目的として開発した後，アメリカのターマン（L. M. Terman）によって改訂され「スタンフォード・ビネー版」として現在に至っている。このビネー式知能検査では，一般知能を測定すると仮定された各種問題が，年齢に対応して難易度の低いものから順に用意されている。被験者が最後に正答できた年齢段階を「精神年齢（MA：mental age）」とし，この精神年齢と暦年齢（CA：chronological age）と比較して知能の発達の程度を推定する。ビネー式による知能指数は以下の式で算出される。

$$知能指数\ IQ\ (intelligence\ quotient) = MA \div CA \times 100$$

2） ウェックスラー式知能検査

ウェックスラー（D. Wechsler）が開発したこの知能検査には，WPPSI（幼児用），WISC-Ⅳ（児童用），WAIS-Ⅲ（成人用）の3種類がある。

これらの検査は，全検査IQ（FIQ：full scale IQ）のほかに，下位検査群から，さまざまな指標を算出することができる（表15-2）。

ウェックスラー式の知能指数は，精神年齢を用いず，標準化集団における

表15-2　WISC-Ⅳの4指標と属する下位検査

第1因子 言語理解	第2因子 知覚指標	第3因子 ワーキングメモリー	第4因子 処理速度
知識 類似 単語 理解 語の推理	絵の完成 絵の概念 積木模様 行列推理	算数 数唱 語音整列	符号 記号探し 絵の抹消

平均値の水準からの逸脱の程度で示される。算出式は次の通りである。

$$IQ = 100 + 15 \times (個人の得点 - 標準化集団の平均点) \div 標準化集団の標準偏差$$

3節　性格検査（パーソナリティ・テスト）

　性格検査はクライアントのパーソナリティの特徴や精神医学的障害について多面的に検討するために用いられる。質問紙法と投映法に大別される。

1. 質問紙法（questionnaire method）

　多数の質問項目に対して、「はい」、「いいえ」、「わからない」などの選択式の回答を求めるものが多い。質問紙法の長所は、比較的簡単に施行できること、結果も数量的・機械的に整理できて、解釈も一義的で容易にできる点である。短所として、被験者の回答態度によって結果が大きく左右されてしまうといった限界がある。

　代表的なものを以下に紹介する。

1）　Y-G性格検査（矢田部・ギルフォード性格検査法）

　ギルフォード（J. P. Guilford）が開発したものを日本向けに標準化した検査である。120の質問項目について自分が当てはまるかどうかを回答する。結果は、パーソナリティを構成する12の性格特性（trait）についてプロフィールで示される。

　それをもとにさらに、5つの性格類型（type）に判別される（表15-3）。パーソナリティを特性論と類型論の2つの立場から検討可能としたところがこの検査の特徴の1つである。

2）　MMPI（Minnesota multiphasic personality inventory）

　MMPIは、ミネソタ大学のハサウェイとマッキンリー（S. R. Hathaway & I. C. Mckinley）が、精神障害を客観的に診断することを目的として開発した「ミ

表 15-3　Y-G 性格検査の 5 つの類型

A 型：平均型	（average type）
B 型：不安定積極型	（blast type）
C 型：安定消極型	（calm type）
D 型：安定積極型	（director type）
E 型：不安定消極型	（eccentric type）

ネソタ多面的人格目録」の略称である。550 の項目に「当てはまる」，「当てはまらない」で回答し，14 の基礎尺度から判定がなされる（図 15-1）。14 のうち 10 の基礎尺度は被験者のパーソナリティ特徴（一般的な適応状態，習慣，社交性，性的態度など）を示し，4 尺度は結果の信頼性を疑わせる作為的な回答態度の有無を判定する。

　MMPI の特徴について一例をあげると，D（抑うつ）尺度は，うつ病患者群と標準化集団との間で出現率に有意差のあった質問項目で構成されており，質問の意味内容は優先されていない。質問紙法のなかでは，被験者に何を測定しようとしているか推定しにくい長所があり，精神医学的診断の補助として有用である。英語圏諸国での使用率が高いが，項目数が多く実施に要する時間と負担の大きさが短所である。

3)　東大式エゴグラム（第 14 章 2 節参照）

2.　投 映 法

　投映法（projective technique）とは，被験者に非構造的で多義性を備えたテスト刺激を提示し，それに対して自由度の高い創造的な反応を得る手法を用いた性格検査の総称である。質問紙法と比べて，被験者は何を測定されているのか容易に推測できないこと，反応には被験者の意思を超えて「その人らしさ」が幅広く豊かに反映されるところに特徴がある。心のより深層が「投映」されるという仮定からこの名称が用いられている。

　反面，反応の自由度が高いということは，検査実施にも時間がかかる，反応結果の整理も複雑である，安易な一義的解釈が許されず過去の研究資料の

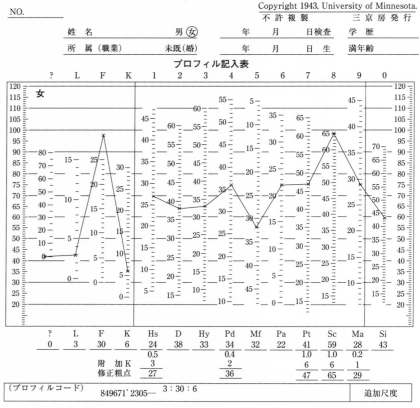

図15-1　MMPIのプロフィールの例（統合失調症を疑われた事例：筆者提供）

学習などが不可欠である，ということである。したがって機械的に実施できるものではなく，1つの投映法性格検査に習熟するだけでも多くの年月を要する。習得に伴うこのような困難さが短所である。

【投映法と検査者の自己研鑽】

　さらに投映法検査結果の解釈では，クライアントの「生き生きとした人間像」をいかに浮かび上がらせるか，問題や症状をクライアントの人生のなかでどのように位置づけていくかという作業が重視される。この作業には，検

242

査者自身の生活経験や知性，感性などが大きく関わってくる。投映法の解釈には，検査者自身の人間観やカウンセリング観，精神医学領域の知識などが総動員されることになる。したがって投映法では，検査報告書（所見）に，検査者自身の力量が「投映」されるということにもなる。

　その意味で，心理テストの実施を担当することの多い臨床心理士にとって，投映法検査を習得していく過程は，そのまま自己研鑽の過程でもあり，重要な学習課題として定められている。

　代表的な投映法を次に紹介する。

1)　ロールシャッハ・テスト
　①テストの背景と実施法
　これはスイスの精神科医ロールシャッハ（H. Rorschach）が『精神診断学』という著書によって公刊したインク・ブロット・テスト（インクのしみテスト）である。知覚体験のあり方とパーソナリティにはある種の関係があるという前提に基づいて開発されたもので，図15-2のような図版10枚で構成されている。テスト刺激としての図版のユニークさ，得られる情報量の豊富さなどから各種相談機関や精神科など臨床場面で広く使用されている。投映法のなかでも代表的な検査である。

　実施方法は，被験者に1枚ずつ図版を渡して「何に見えるか」を自由に答えてもらう自由反応段階と，10枚の提示終了後，あらためて1枚ずつ「そのように見えた理由」を尋ねる質問段階に大別される。必要があれば個別の質問（限界吟味）が加えられる。

　②結果の整理
　得られた反応は，表15-4のような観点から分類され，さらに一定の構造分析がなされるという大枠において違いはない。後述する諸理論ごとに処理の仕方と解釈法は幾分異なっている。

　③解釈
　ロールシャッハ・テストにはいくつかの解釈理論がある。客観的な統計的

図 15-2　ロールシャッハ・テストの模擬図版

　資料を重視したベック（S. J. Beck）の立場，被験者の主観的な精神内界につ
いて記述的解釈を試みるクロッパー（B. Klopher）の立場，近年，従来の施行
法や記号化などを統合したエクスナー（J. E. Exner）の包括的システム（法）な
どがある。日本では，クロッパーにならって片口安史が考案した片口法や，
精神分析理論に基づき継起分析を重視した馬場禮子の分析法などがある。
　解釈は大きく「構造分析」（construction analysis）と「継起分析」（sequence
analysis）に分かれる。構造分析では（表 15-4 により）数量化，記号化された資
料から被験者の大まかなパーソナリティ像を把握することができる。
　継起分析では，各カード内の反応の変化，また 10 枚の系列に対する一連

表 15-4　ロールシャッハ・テストの記号化（部分）

反応領域 （location）	図版のどの部分がそのように見えたのか
決定因　　（determinants）	図版のどのような特徴からそのように見えたのか
内容　　　（contents）	何に見えたのか
形態水準 （form revel）	図版のブロットとの兼ね合いは妥当であるか
平凡反応 （popular r.）	一般的反応であるか
特殊反応 （specific r.）	きわめてユニークな反応であるか

の反応の変化の有り様に注目して解釈される。精神分析学理論から，被験者はどのような場面でどのような欲動が生じ，そこでどのような防衛が発動され，そこでどのような感情体験をしているのかなどについて分析が加えられる。

ロールシャッハ・テストから，被験者の認知，思考，感情の特徴，内的葛藤の様相，現実適応の水準とその様式，精神医学的診断（病名や病態水準の推定），適用可能な心理療法の選択，予想される問題への示唆など多くの情報を得ることができる。

2）　TAT（thematic apperception test：主題統覚検査）

①検査用具と実施方法

TAT は，モーガン（C. D. Morgan）とマレー（H. A. Murray）によって創案された。「統覚」とは認知と想像の作業を意味している。11 枚の共通カードと男性版，女性版，成人用，子ども用の各カード合わせて 31 枚のカードと白カード 1 枚からなり，内容は前半の日常的場面と，後半の非日常場面に大別される（図 15-3）。ロールシャッハ・テスト図版に比べて刺激図の曖昧さが小さくなっているので，TAT 図版の反応では，自我の関与する度合いが相対的に高くなっていると考えられる。

マレーは，前半の第 1 系列 10 枚と後半の第 2 系列 10 枚を 2 日に分けて実施する方法を提示したが，現在では検査目的に合わせて適当なカードを組み合わせて 1 日で実施する方法もとられている。

教示方法は，カードを 1 枚ずつ手渡して「この絵を見て自由に物語をつくってください。どうしてこのような場面になったのでしょう。今どのような状況でしょうか。登場人物はどのような思いでいるのでしょうか。これから先どのようになっていくのでしょうか。どうぞ思う通り想像を広げてください」と伝えて，語られる内容を記録していく。

②理論と解釈

マレーは，登場人物には被験者自身が同一化されており，その人の意識的，無意識的衝動，願望，意図，感情などが投映されるという仮説を立てた。

図 15-3　TAT の模擬図版

　TAT カードから生まれた物語を，登場人物の内発的動機と，これに対する環境からの圧力との相互作用による力動的過程として理解し，物語の「欲求－圧力分析」（need-press analysis）を行った。しかし現在では，物語の形式的側面の分析，物語の主題（テーマ）の分析，主人公とその状況の現象学的分析などさまざまな解釈法が用いられている。

　なお児童向けには，ベラック（L. Bellak）の創案した，登場人物が動物によって描かれた 10 枚の図版からなる CAT（children's apperception test）がある。日本版 TAT として 16 枚のものも開発されている。また 65 歳以上の高齢者を対象とした SAT（senior apperception test）もある。

3）　SCT（sentence completion test：文章完成法テスト）

　SCT は，図 15-4 のような未完成の文章を刺激語として提示し，被験者にその続きを完成させてもらうテストである。日本では，精研式 SCT（児童用，

中学生用，成人用）が多く利用されている。刺激語には，家族，対人関係，異性関係などに関するもの，過去，現在，未来に関するもの，社会的場面に関するもの，人生観や価値観に関するものなど広く用意されている。

　解釈方法は多様であるが，文章の長さ，文章の構成力や乱れ，誤字などの形式的側面の分析と，内容の観点別分析，パーソナリティの総合的把握が代表的なものである。

　SCT は言語刺激が用いられており，TAT やロールシャッハ・テストに比べて被験者のより意識的な領域が表現される検査である。被験者は自分のペースで記入することができること，集団でも実施できることなど，実施が簡便でありながら多くの情報が得られる点や，記入内容をカウンセリングのなかで取り上げやすい点などの利点があり，広く用いられている。

```
┌────────────────────────────────────────────┐
│  この頃私は _____   │
│  私はよく異性から _____   │
│  私の親友は _____   │
└────────────────────────────────────────────┘
```

図 15-4　SCT を模した例（筆者作成）

4）　描画法

　被験者に何らかの描画を求める手法を総称して描画法とよぶ。代表的なものに次のようなものがある。描画によるアセスメントはクライアントに対する侵襲性が比較的少ないので子どものアセスメントでも利用しやすい。

　①バウム・テスト（baum test）

「実のなる木」あるいは「1 本の木」を描いてもらう。コッホ（C. Koch）の草案による。

　②人物描画法（DAP：draw-a-person test）

　グディナフ（F. L. Goodenough）が創案した知能検査をマコバー（K. Machover）が，「人物画には被験者自身の身体像が投映される」という仮説をもとに性格検査として用い始めた。精神分析学の立場から解釈が試みられる。

③ HTP（house-tree-person test）

バック（J. N. Buck）が考案したテストである。家と木と人を別々の画用紙に描く標準的方法と，家，木，人を描いた後，初めの描画とは異なる性の人物を描いてもらう HTPP や，1枚の画用紙に家，木，人を描いてもらう統合 HTP（S-HTP）などがある。

④風景構成法（landscape montage technique）

中井久夫が箱庭療法を参考に開発した。画用紙の周囲を検査者が枠取りした後，川，山，田，道，家，木，人，花，動物，石または岩，その他を順に描いてもらい，全体が1つの風景になるようにする。最後に彩色する。

⑤なぐり描き法

スクリブル法は画用紙になぐり描きした線をもとに思い浮かんだ絵を描画していく方法である。乱線を引いた後，両者で用紙を交換して描画する方法は「スクイッグル法」とよばれる。ほかに「交互スクリブル物語統合法」などがある。

⑥家族描画法（family drawing technique）

1枚の紙に家族全員を描いてもらい，家族観，家族関係の理解の助けとする。家族が何かをしている場面を描いてもらう「動的家族画」（kinetic family drawing）もある。

⑦コラージュ（collage technique）

コラージュとは「糊づけする」というフランス語である。台紙に，雑誌や新聞などから切り取った写真，絵などを貼りつけて1つの作品を完成させる手法である。箱庭療法に準じて解釈され，心理療法の手法としても用いられている（第13章2節4.参照）。

●参考文献

上里一郎監修　2001『心理アセスメントハンドブック（第2版）』西村書店
馬場禮子　2003『改訂版　臨床心理学概説』放送大学教育振興会
片口安史　1987『改訂　新・心理診断法』金子書房

松原達哉編著　1995『心理テスト法入門』日本分化科学社

三上直子　1995『S-HTP 法：統合型 HTP 法による臨床的・発達的アプロー
　　チ』誠信書房

小此木啓吾・馬場礼子　1989『新版　精神力動論』金子書房

鈴木睦夫　1997『TAT の世界：物語分析の実際』誠信書房

索　引

編著者略歴

宮前　理（みやまえ・おさむ）

1984 年　東京都立大学大学院人文科学研究科博士課程（心理学専攻）
　　　　　単位取得退学
1996 年　宮城教育大学（教育学部）助教授
2002 年　同　教授
2008〜2019 年　同　教職大学院教授
2019 年　東北生活文化大学特任教授
2010〜2012 年度　宮城教育大学附属特別支援学校長〔併任〕
臨床心理士・公認心理師

〈主要著書〉
『心理学四面鏡』（共著　新曜社　1981）
『基礎心理学』（共著　八千代出版　1989）
『入門青年心理学』（共著　八千代出版　1989）
『現代青年の意識と行動』（共著　福村出版　1984）
『カウンセラーのためのガイダンス』（共著　ブレーン出版　1997）
『教育のカウンセリング』（編著　八千代出版　2005）
『子ども理解とカウンセリング』（編著　八千代出版　2009）
『中年期・老年期の臨床心理学』（共著　培風館　2009）
『カウンセリングを教育にいかす』（編著　八千代出版　2014）

心理臨床の育み

2020 年 4 月 30 日　第 1 版 1 刷発行

編著者―宮 前　　理
発行者―森 口 恵 美 子
印刷所―シナノ印刷㈱
製本所―㈱ グ リ ー ン
発行所―八千代出版株式会社
　　　　東京都千代田区神田三崎町 2-2-13
　　　　　　TEL　03-3262-0420
　　　　　　FAX　03-3237-0723
　　　　振替00190-4-168060

＊定価はカバーに表示してあります。
＊落丁・乱丁本はお取り替えいたします。

ISBN 978-4-8429-1772-6　　　　©2020 O. Miyamae et al.